함께 꿈꾸는 시
2022~2025

대구의 시인들

대구시인협회 편

만인사

| 발간사 |

〈함께〉라는 정신이 빚은 앤솔로지

    2022년 회장 취임사에서 이렇게 말씀 드린 게 생각납니다.
"밤하늘에 수많은 별들이 빛나고 있듯이 우리 대구시협에도 무수히 빛나는 별들이 많습니다. 그 별들은 골방에서 홀로 고뇌하며 스스로 빛을 만들어내었습니다. 그 별을 올려다보는 창문의 유리를 열심히 닦는 역할이 회장의 역할입니다. 시협이나 회장을 위해서가 아니라, 이미 스스로 발광체가 되어 빛나는 별 같은 고귀한 시인들을 위해 유리창을 열심히 닦는 역할, 그 역할이 저의 몫이라 믿고 열심히 닦겠습니다."
    그런 말씀을 드린 이유는 밤하늘을 수놓으며 함께 어우러져 빛나는 통합과 융합의 모습이 앞으로의 시대를 이끌어 갈 새로운 정신이어야 한다는 믿음과 기대 때문이었습니다.
    그 구현을 위해 〈함께〉라는 말을 떠올렸고, 저는 그 함께의 폭을 넓혀가는 일에 관심을 기울였습니다. 다양하게 분화된 동인들의 활동이 높은 밤하늘을 수놓는 다양한 별자리의 모습처럼 아름답게 통합되는 꿈을 꾸었습니다. 갈등보다는 다양한 색색의 조화로 각자 그러면서 함께 빛나는 장엄한 우주의 모습을 그려 보면서…….
    그래서 저의 집행부에서는 '시와 함께 꿈꾸는 세상'이란 슬로건 아래 〈함께 꿈꾸는 시〉 코너를 만들게 되었고, 그 여정은 16대에 이어 17대 회장단으로 이어지며 마침내 200여 회원 거의 모두가 참여하는 방대한 작업을 4년만에 마무리하게 되었습니다.

 실로 긴 여정이었습니다. 흔쾌히 원고청탁에 응해주신 회원들이 대부분이었지만 협조를 애원해야 하는 경우도 있었고, 컴퓨터작업에 서투른 회원들을 위해 몇 번의 수정작업을 대신해야 하는 경우도 있었습니다. 그러다 마침내 그 뜻이 일간신문에 알려져 고정적인 지면을 할애받아 실을 수 있게 되기까지 집행부과 편집부의 수고는 말할 수 없이 컸습니다. 그 과정이 지난할수록 그들에게 그 일은 사명감이 되어 갔습니다.

 반듯이 전 회원이 다 함께 참여하는 작업을 성공적으로 이루고 말겠다는 신념이 저의 임기를 넘어 다음 회장 임기까지 이어지는 긴 작업을 하게 만들었습니다. 사실 이 작업을 시작할 초기에는 전대미문의 코로나19로 인한 어려운 환경이 지속 중이라 회원들끼리 서로 얼굴조차 보기 어려운 상황에 〈함께〉라는 의미는 더욱 간절했습니다.

 역경을 문학으로 극복하자는 혈기에서 출발된 〈함께 꿈꾸는 시〉는 그래서 더 더욱 의미가 남다릅니다.

 이제 그 모든 주옥같은 시편들이 엔솔로지 『대구의 시인들』로 발간에 이르렀습니다. 이는 우리 시협의 바탕정서가 되어 함께 빛나는 다양한 별자리로 승화될 뿐 아니라 시의 정서에 마음을 담고자 하는 독자들에게 이정표가 될 것이고 그들 또한 이 『대구의 시인들』을 통해 함께 빛나는 별밭으로의 여정에 기쁘게 동참하게 될 것입니다.

 도와주신 많은 분들께 감사를 드리며 이 책에 담긴 함께의 정신이 우리 모두를 가족처럼 이어주기를 소원하며…….

대구시인협회 제16대 회장 김호진

| 발간사 |

함께 꿈꾸는 시, 함께 나누는 삶

 시작(詩作)은 고단하고 외로운 작업입니다. 그러니 시를 함께 꿈꾼다는 건 얼마나 즐겁고 행복한 일인가요?
 16대에 이어 17대 집행부에서도 '함께 꿈꾸는 시'라는 타이틀 아래 우리 시협 회원들의 한 편의 시와 산문을 시협 카페와 매일신문에 매주 소개해 왔습니다. 한 주도 빠트리지 않고 함께 시를 꿈꾸고 함께 삶을 나눈 값진 열매입니다. 내년 2월말까지 발표될 204명 회원의 204편 작품, 4년치를 묶어 앤솔로지 『대구의 시인들』을 펴냅니다.

 걸어가는 길이
 꽃으로 환하다
 내 마지막 가는 길도 이랬으면
 그러면서 드는 생각
 —니 지은 죄는 다 어쩌고?
   —구양숙, 「어리석은 봄날」 전문

 그동안
 못 본 척 지나쳐
 미안하다 세상의 질문이 너무 컸기 때문이야
 미련하게,

해답이 우주 뒤편에 이르는 길인 줄 알았어
　　　—김호진, 「야생화」 전문

　이렇듯 그동안 옥고(玉稿)를 보내주신 회원 여러분께 먼저 감사드립니다. 그 무엇보다도 '이 주의 시인' 선정과 원고 청탁은 물론, 편집본을 신문사에 보내고 카페에 올리는 일련의 과정을 원활히 수행한 16대, 17대 편집국의 헌신적 노고를 빼놓을 수 없습니다. 모래사막에서 시의 샘물을 찾아 길어올리는 지난한 시간이었습니다.
　끝으로, 『대구의 시인들』 발간비를 찬조해주신 16대, 17대 회장단에도 그 거룩한 뜻을 마음 깊이 새깁니다.

　　　　　　　2025년 송년문학제
　　　　　　　대구시인협회 제17대 회장 장하빈

차례

|발간사|
〈함께〉라는 정신이 빚은 앤솔로지/김호진_4
함께 꿈꾸는 시, 함께 나누는 삶/장하빈_6

2022 함께 꿈꾸는 시

4월 목련 개화/김세웅_16 봄, 뜨거운 울림/이진엽_18
   주걱/류인서_20 은밀한 착지/김건희_22
5월 걸상/이기철_24 뭔 걱정/황명자_26
   어둠을 생각한다/이승주_28 불의 사원/박미영_30
6월 숨어있는 절/이구락_32 운문/김상환_34
   시詩/박숙경_36 벚꽃 후기/지정애_38
   그 반찬 가게의 비법/모현숙_40
7월 오독誤讀/구석본_42
   1945년생 닭띠들의 계모임/석미화_44
   목덜미/박미란_46 유월, 접시꽃/윤순희_48
8월 모퉁이에서/배창환_50 스랑, 그즛말이/천영애_52
   남해 낮달/안윤하_54 수국/이희숙_56
   두 얼굴/손영숙_58
9월 송화강 강물소리/서지월_60 색소폰 울다/안연화_62
   이사/이 향_64 성황당/김종근_66
10월 기척/차회분_68 섬의 노래/서정윤_70
   봄산, 진달래/김 석_72 모눈/임서윤_74

11월   아무 일도 없었다/송진환_76   혀/손진은_78
        감자/정이랑_80   작약꽃 피우기/김도향_82
        당분간이라는 무늬/이지희_84
12월   후렴/강현국_86   다시, 화요일/송종규_88
        옥잠화/이정화_90   검은머리방울새/곽도경_92

2023 함께 꿈꾸는 시

1월   1987/장옥관_96   도라지꽃/손남주_98
        받침/박경한_100   공空/김은영_102
        비눗방울/백미혜_104
2월   칼국수/박봉희_106   보여주고 싶은 일기/성명희_108
        뻐꾹뻐꾹/김환식_110   이상 기후/김남이_112
3월   이 봄날/이해숙_114   형광등/공영구_116
        설중매/하청호_118   모난 돌/윤일현_120
4월   서시/고희림_122   유리/강해림_124
        지프니 타다/강지희_126   심상화/박은주_128
5월   풍문으로 들었소/김욱진_130   봄비/채화련_132
        월천공덕越川功德/변준석_134   아침/김두한_134
        정오의 聖所/강문숙_138
6월   민들레/배정향_140   산이 色 풀고 있다/김기연_142
        시골은 내 고향/권정숙_144   요즘도 참새들이/김상연_146
7월   한 송이 꽃은/박상옥_148   모란/김동원_150
        처음이야/박유진_153   숙성으로 가는 길/김명희_154

차례

8월   찔레꽃 필 무렵/김연대_156   쇠꽃 심장/김창제_158
수목원 일기·3/문수영_160   My Bassoonist/윤은희_162
'사이'라는 말/이무열_164

9월   나무가 물끄러미 서 있는 까닭/박상봉_166
꽃/이해리_168   바람집/김숙자_170
이쁘게 손 흔드네/김분옥_172

10월   아직도 오랑캐꽃/은종일_174
붉은머리오목눈이처럼 녹다/노태맹_176
도깨비바늘이 바짓가랑이에 붙어 따라오다/노현수_178
가을 수채화/류호숙_180

11월   칩거蟄居/윤희수_182   남해/이동백_184
길/이은재_186   이거 다 나, 주나/박경조_188
풍년 예감/박용연_190

12월   부부/이유환_192   바위/장혜랑_194
단풍이 곱게 물들었네요/박숙이_196
뱀이 허물을 벗는 시간/이자규_198

2024 함께 꿈꾸는 시

1월   뿡 뿡 뿡 삐땍이 꽃/박재열_202
두근두근 기대하는 새 날/박지영_204
꽃의 언어/정화진_206   반성/이혜자_208
원목/변희수_210

2월	정물/함명숙_212　지상의 아름다운 소망/정대호_214	
	참깨 밭을 지나다/정하해_216　암각화 2/손수여_218	
3월	첫/유가형_220　초승달/황영숙_222	
	귀/김현옥_224　반짝/정재숙_226	
4월	티티새/이하석_228　봄봄봄/김윤현_230	
	히스테리시스 6/박태진_232　봄날의 시/김청수_234	
	학교 가는 길/박희숙_236	
5월	하익조를 보았다/김은령_238　고양이, 달/김상윤_240	
	청보리밭/사윤수_242　황소자리, 어머니/김건화_244	
6월	행복은 내 안에/이진홍_246	
	이 풍진 세상을 만났으니/김선굉_248	
	어리석은 봄날/구양숙_250　마음 들여다보기/손훈희_252	
7월	소리의 문법/이상규_254　야생화/김호진_256	
	저수지/권분자_258　그 이름/이수진_260	
	고요한 장독/신영조_262	
8월	하루에 두 번 수국에 대해 들었다/권미련_264	
	풀잎/박주영_266　하중도에 가서/권영호_268	
	한인 식당 차림표/해 인_270	
9월	가시연蓮/구옥남_272　삼화령 연화대좌/김영근_274	
	백일홍/강수정_276　가인/김형범_278	
10월	갓꽃/서종택_280　소싸움/황인동_282	
	모깃불이 있는 마당/서 하_284	
	구름을 열면 내가 보였다/최애란_286	
	가끔은 나도/신윤자_288	

차례

11월   가을 저녁/이동순_290   부겐베리아/박윤배_292
       빈손/문차숙_294   발가락에 대하여/박언숙_296
12월   수련/김루비_298   눈 내리는 마을/홍승우_300
       향/신표균_302   사랑/심강우_304   노숙/우영규_306

2025 함께 꿈꾸는 시

1월   샤갈의 마을/박진형_310   건기/서영처_312
      우주 팽이/서 담_314   출구와 입구 사이/심수자_316
2월   쌀 한 스푼의 무게/전영숙_318   야생/정유정_320
      담쟁이/김복순_322   윤시월/김민정_324
3월   먼바다, 파도/이태수_326   연못 가의 매화나무/신중혁_328
      검은 숲속에서/정 숙_330   예견/김병해_332
      서포일기/손준호_334
4월   민달팽이 1/박복조_336   목련꽃/정경진_338
      역모/전병석_340   상자/이규리_342
5월   그의 눈동자/주설자_344   겨울눈/홍준표_346
      고바우/정 훈_348   최후의 원근법/최지원_350
6월   녹슬지 않는 눈물이 있다/조두섭_352
      계단을 걷는 사람/이희명_354   시인론/한상권_356
      속삭이는 자작나무숲에서/노진화_358
      눌함訥喊/김용락_360
7월   배롱나무 아래서/황태교_362   모르는 일/전태련_364
      낙과/이유선_366   화분에 사람을 심다/전기웅_368

8월   강가에서 저물다/김진희_370   여름 울음/백 지_372
        거미/엄혜숙_374   만촌동의 하늘/안용태_376
9월   벚꽃길/박정곤_378   서녘하늘/김광숙_380
        바다로 가는 길/송 화_382
        별이 되려거든 그대/이수화_384   산울림/박종해_386
10월   오빠라는 말/박금선_388   물집 개화·1/방종현_390
        고고考古/주혜린_392   해바라기/김도영_394
11월   시월/정경자_396   바람의 노래/박언휘_398
        백두옹白頭翁 사랑/문성희_400
        소리의 폭군/기해온_402
12월   육화산/이종암_404   쿠폰 오후/숲하루_406
        흉터/김정아_408   법 앞에서/윤성도_410
        유언遺言/김종태_412

2026 함께 꿈꾸는 시

1월   틈을 빌릴 수 있다면/김학조_416   압화/김연화_418
        이름으로 부르려니까요/김태겸_420
        여름 한낮/김선숙_422
2월   김칫국 마시기/김자향_424   파 대궁/김인강_426
        늙은 배우/이난희_428   숲속의 맨발학교/장하빈_430

2022
함께 꿈꾸는 시

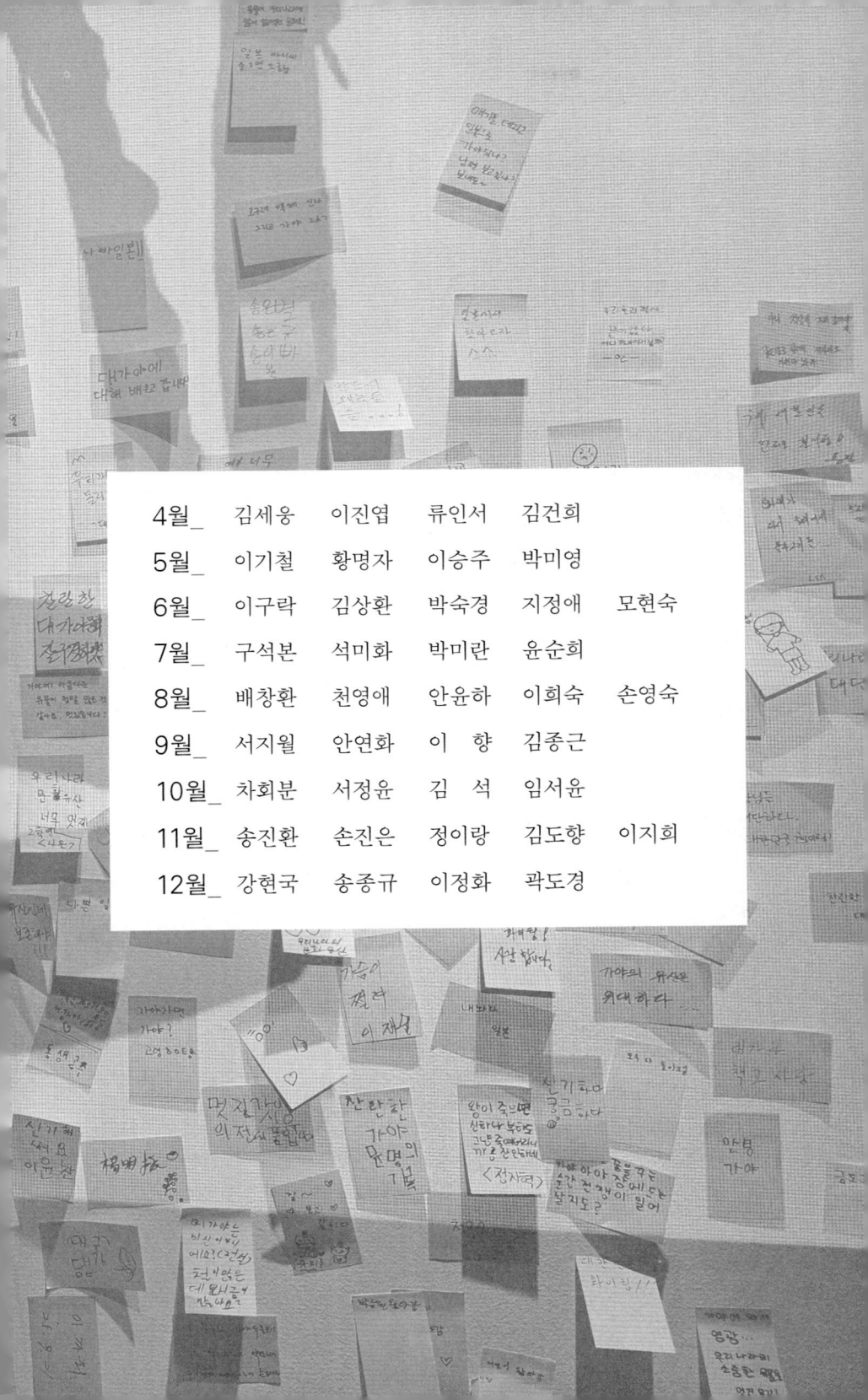

4월_	김세웅	이진엽	류인서	김건희	
5월_	이기철	황명자	이승주	박미영	
6월_	이구락	김상환	박숙경	지정애	모현숙
7월_	구석본	석미화	박미란	윤순희	
8월_	배창환	천영애	안윤하	이희숙	손영숙
9월_	서지월	안연화	이 향	김종근	
10월_	차회분	서정윤	김 석	임서윤	
11월_	송진환	손진은	정이랑	김도향	이지희
12월_	강현국	송종규	이정화	곽도경	

목련 개화

환한 눈물을 이고
꽃봉오리 벙근다
너무 순백하므로 검게 타들어 갈
차마 저 눈물 보지 말아라
인당수 검푸른 물에 잦아들 흰 옷고름 닮은
저 눈물,
외려 남의 눈물 닦는구나
공양미 삼백 석이 새털보다 가볍구나
그렇지 않고야, 삼백 석의 저 눈물을
어찌 이고 있으랴
저 눈물 보지 마라
너무 무거우므로 무게 버린,
살아날 길 있는데 돌아들지 않는
저 눈물 보지 마라
내 갈 길 지워진다

| 김 세 웅 | 4월 첫째 주 |

시작 노트

'뜨거운 노래는 땅에 묻는다.'라고 어느 시인이 노래하였다.
순백의 눈물은 타오르며, 스스로 땅에 묻힌다.

1981년 《시문학》 추천(신동집 시인) 완료, 시집 『칼과 연못』 외, 에세이집 『바람으로 지은 집』, 장편소설, 『모래성의 궤적』 출간.

봄, 뜨거운 울림

봄볕 따사로운 밭두렁 아래
여인들이 쪼그려 앉아 쑥을 캔다
두 손가락 바삐 풀밭을 헤집을 때마다
여인들의 작은 소망도 쑥 향기에 버무려져
하얀 나비처럼 나풀댄다
산기슭 적막을 푸른 덧니로 물어뜯는
야생초들의 거친 숨소리
그리고 이따금씩
파도에 밀려온 해변의 조약돌같이
밭둑에서 좌르륵대는 여인들의 웃음소리
그 생의 울림이 너무도 뜨거웠다

| 이 진 엽 | 4월 둘째 주 |

시작 노트

  독일의 시인 횔덜린은 자연이 잠들면 시인의 얼굴도 슬퍼지고, 자연이 깨어나면 시인의 영혼에 충만한 정기가 생기生起한다고 하였다. 겨울이 지나가고 봄의 들녘에 무수한 야생초들이 다시 맑은 숨을 내쉬는 이때, 나도 우울한 시간에서 벗어나 대자연의 푸른 숨결과 함께 생의 의지를 회복한다. 야생초들의 숨소리와 밭두렁에 쪼그려 앉아 쑥을 캐는 여인들의 그 함박 웃음소리, 그리고 삶의 소망이 버무려진 쑥 향기는 서로 아름다운 하모니를 이루며 생의 뜨거운 울림을 느끼게 해준다. 현대 문명이 눈부시게 발전해갈수록 그것은 삭막한 물리적 운동에 의존할 뿐이지만, 대자연의 저 싱그러운 파동에는 언제나 생의 활력이 충만하다.

경북 구미 출생. 1992년《시와시학》신인상, 1998년《매일신문》신춘문예(평론)로 등단. 시집『겨울 카프카』,『그가 잠깨는 순간』등 4권, 평론집『존재의 놀라움』출간. 금복문화상, 대구문협 올해의 작품상 수상.

주걱

나의 손에 손목 잡힌 얄따랗고 단단한 슬픔입니다.
손거울 보듯 들여다봅니다.
누군가요? 유령처럼 눈 코 입이 없는 이 얼굴은.
얼굴이 아니면
손가락 없는 손바닥, 발가락 없는 발바닥,
손가락 대신 발가락 대신 몇 개의 현을 빌려준다면 그의 몸 비파족
族의 악기라도 될까요.
울림통이 없으니 들리지 않는 노래될까요.
듣지 못하는 귀 될까요.

젖은 그의 손목을 놓친 적이 있습니다.

| 류인서 | 4월 셋째 주 |

시작 노트

주걱의 출발은 밥의 역사와 함께이겠구나 하고 보니, 놀부네의 주걱부터 떠오릅니다. 도구적 측면의 주걱은 손의 연장선延長線이라고 해야겠네요. 저기 주방 서랍에도 시절과 재료를 달리하는 몇 개의 주걱이 있습니다. 이 일상의 주걱이 나에게로 오면서 '낯익은 사물이 아연 낯설어지는 경험'을 주었습니다. 새로 산 전기밥솥의 포장을 열었을 때 그가 있었지요. 그는 여느 주걱과는 살짝 다른 모습이었습니다. 흡사 비파였습니다. 그를 잡고 비파행 비파곡 발음도 전에 그와 나 사이에서 어떤 뜨겁고도 투명한 불꽃이 일었습니다. 내가 화들짝 놀라 뛰어올랐을 정도로요. 마주침(부딪침)이 없으면 아무런 불꽃도 일어나지 않는다고 하지요. 아무튼 거기 시의 입구가 있었다고 해야 할지……. 그런 시적인 순간이 나에게 와서 이 시를 쓰게 했습니다.

경북 영천 출생. 2001년 《시와 시학》으로 등단. 시집 『그는 늘 왼쪽에 앉는다』, 『여우』, 『신호대기』, 『놀이터』 출간. 육사시문학상(젊은시인상), 대구시협상, 지리산문학상, 김춘수시문학상 수상.

은밀한 착지

높은 곳에 꼭짓점을 두고
솟구치다 가라앉는 그네의 심장

두 발로 굴린 회전율에
구부린 허리는 빳빳해진다

무릎으로 햇살을 두드렸으니
비파소리 생겨나는 뼈마디
뿔뿔이 흩어진 각자를
발 구름판에 하나로 모은다

잠시나마 그네로 살아본다는 것은
훌쩍 뛰어내릴 적당한 순간
정지의 한 지점을 찾기 위함이다

크게 흔들려본 이후에 터득한
나만의 경지로 보아
전생엔 새 조련사였겠다

| 김 건 희 | 4월 넷째 주 |

시작 노트

  너나없이 우리는 크고 작은 흔들림을 경험하며 산다. 수직적인 구도에 가까웠던 내 과거를 딛고 더 크게 흔들려보기 위해 그네에 오르는 꿈을 꾼다. 가끔은 삶이 두렵고 무서웠지만 가파른 상승과 추락은 오늘이라는 구름다리를 너끈히 건너가게 한다.

2018년 《미당문학》 신인작품상 수상, 시집 『두근두근 캥거루』 출간, 형상시학회 동인.

걸상

다 떠났는데도 누군가가 앉아 있다

누군가의 따스한 엉덩이가 앉아 있다

겨울인데도 깨진 유리창 틈으로 햇빛이

잘못을 저지른 아이처럼 스며서 들어온다

걸상 때문에 교실은 교실이 된다

걸상 때문에 교실은 넘어지지 않는다

| 이 기 철 | 5월 첫째 주 |

시작 노트

　나무는 꿈을 둥치 안에 숨기고 겨울을 난다. 내년 봄엔 더 큰 꽃을 달리라는 꿈이다. 유리창을 뚫고 들어온 은빛 햇살은 그 흰 손가락으로 풍금의 건반 위를 뛰어다닌다. 겨울방학이다. 교실에 아이들은 없고 아이들이 부르던 동요만 남아 있다. 동요가 남아있는 걸상은 아이들이 앉았던 따스한 엉덩이를 그리워한다. 걸상이 있기에 교실은 교실이 된다. 평론가 김화영은 '걸상 때문에 교실은 넘어지지 않는다.'는 구절을 키워드로 읽고 있다. 역설적인 재미가 시적 긴장미를 일으킨다는 뜻이겠다.

1972년 《현대문학》으로 등단. 시집 『청산행』, 『유리의 나날』, 『내가 만난 사람은 모두 아름다웠다』, 『영원 아래서 잠시』 외 다수 출간. 김수영문학상 등 다수 수상. 현재 영남대 명예교수, 〈여향예원, 시 가꾸는 마을〉 운영.

뭔 걱정

신기하다 요술램프 같다
텃밭 두어 평에서
이렇게 많은 작물들이 샘솟듯 나올 줄이야
분양받은 텃밭이 내 땅이라도 된 듯
온갖 채소 다 심어놓았다 그러고 보니
평생 내 땅 한 평 가져보고 싶은 게 소원이라던
누군가가 생각난다 죽고 나면
몸 누일 땅 한 평 없다고 서러워하는데
부질없는 욕심이다
채소들은 제 땅인 양 불쑥불쑥 올라와
쑥쑥 자라서 먹거리로 온몸 바친다지만
죽은 사람 몸이야 쓸모가 있나
텃밭 가꾸듯 살아생전 후회 없이 보내다가
몸뚱이 하나 빨래 털 듯 훌훌 털어 보내면
그만이지 뭔 걱정!

| 황 명 자 | 5월 둘째 주 |

시작 노트

 텃밭을 가꾸는 일은 다른 생물을 다루는 일보다 더 조심스럽다. 행여 다칠 세라, 말라 죽을 세라, 낮이면 낮이라 걱정, 밤이면 밤이라 걱정이다. 눈 뜨면 가장 먼저 텃밭의 작물부터 살피는 게 일과가 되었으니, 살아오면서 이처럼 전전긍긍해 본 적이 없었던 것 같다. 텃밭을 가꾸면서 자연의 섭리에 순응하는 법을 배웠다. 부질없는 욕심에 부끄러움을 느끼는 순간순간들이 자라는 채소들에게 스며들자, 풍요로운 삶이 펼쳐졌다.

경북 영양 출생. 1989년 《문학정신》 신인상으로 등단. 시집 『귀단지』, 『절대고수』, 『자줏빛 얼굴 한 쪽』, 『아버지 내 몸 들락거리시네』, 『당분간』, 산문집 『마지막 배웅』 등 출간. 대구시협상 수상.

어둠을 생각한다

 어둠이 숨 쉬는 아늑한 방. 어둠의 젖내가 좋다. 어둠의 배 위에 누워 창밖의 어둠 속으로 스미는 눈송이처럼 어둠 속으로 녹아든다. 물속 같은 어둠, 어둠은 지상과 지하가 없어 융융하고 깊다. 탁자 밑이나 종지 밑, 박스 속을 빛은 다 밝히지 못하지만 눈을 감으면 어둠은 빛을 다 덮고도 남는다. 활짝 핀 빛의 형체가 흩어지고 사라진 뒤 어둠의 고요 속에 깃든 어둠의 소리들이 눈을 뜨고 걸어나온다. 빛의 소란함과 함께 태어났을 어둠의 소리. 소란함과 기척에 귀를 모은다. 태초의 어둠 속에서 태어나 어둠 속으로 스며든 태초의 빛을 생각한다. 태초의 어둠을 생각한다.

| 이 승 주 | 5월 셋째 주 |

시작 노트

심심해서 어둠을 깎았다. 어둠을 오렸다. 눈뭉치처럼 어둠을 뭉쳤다. 밤마다 미명微明의 옷자락에 싸인 어둠의 속살을 탐했다. 외줄을 타고 어둠의 더 깊은 곳으로 내려갔다가 외줄의 공간 속으로 쏟아져 내리는 한 줄기 빛을 타고 어둠의 바깥으로 나왔다. 뭉친 어둠을 어둠 속으로 날렸다. 눈이 그치자 어둠의 사계가 끝나고 다시 봄이 오고 있었다.

1995년 《시와시학》 신인상으로 등단. 시집 『물의 식도』, 『위대한 표본책』, 『내가 세우는 나라』, 『꽃의 마음 나무의 마음』, 이론서 『현대시창작백과』 출간. 웹진 《문예타임즈》에 시가 있는 가요 산책 '인생은 짧고 노래는 길다' 연재(40회).

불의 사원

빛에도 상처가 있다니! 드디어 얼굴을 드러내는 빛의 묘혈墓穴들, 아가미 닫혀가는 물고기처럼 사람들 죽음의 집을 향해 오르는 중이었다. 짓이겨진 풀에서 햇볕 냄새, 어린 새들이 무너진 지붕 위로 날아올랐다.

| 박 미 영 | 5월 넷째 주 |

시작 노트

　조로아스터교의 시원이 된 흙산을 오른 적이 있다. 모든 것이 빛이었고 흙이었다. 숨이 차고 땀이 흘렀다. 빛나고 반짝거리는 모든 것에서는 먼지 냄새가 났다. 산의 틈새가 벌어지고 적을 피해 공주가 숨었으니 흐르는 물은 모두 그녀의 눈물이라고. 시간이 신神이라는 생각을 요즘 계속하고 있다.

1995년 《시와반시》로 등단. 시집 『비열한 거리』 출간. 작가콜로퀴엄 이사, 아트센터 달 관장, 대구문학관 대외협력기획실장.

숨어있는 절

여름 한낮 한껏 부풀어 오른 팔공산 능선 타다

숨어있는 절 한 채 내려다보여,

하안거夏安居 든 자태 하도 이뻐 보여,

다가가 어깨 툭 쳐 말 걸어보고 싶어, 취한 듯 홀린 듯

오래 된 경전經典 같은 숲길 더듬어 내려갔다

| 이 구 락 | 6월 첫째 주 |

시작 노트

　오랫동안 써온 오행시 중의 하나다. 왜 오행시인가. 우리의 짧은 시로는 전통적으로 삼행시 형태를 취하는 시조와 자유시에서의 사행시가 있다. 그러고 오행시는 서정주의 「동천」에서부터 정호승의 「하늘의 그물」까지 많은 수작을 낳았지만, 장르 개념으로는 자리 잡지 못하고 있다. 또한 육행시부터는 그냥 짧은 단형시일 뿐이다.
　욕심 부리지 않고, 단일 이미지로 한 가지에만 집중하면 천의무봉의 시심이 어쩌다 좋은 작품을 빚어내 줄 확률이 높다는 걸 오래전부터 느끼게 되었다. 한시의 기승전결을 좀 더 자유롭게 풀어놓은 결과이기도 하다. 주로 기나 승에서 한 행을 더하면 되지만, 간혹 전에서 한 행을 더할 수도 있다. 짧지만 이 얼마나 자유로운 운필법이랴.
　한창때 혼자 또는 마음 맞은 둘이서 자주 등산을 다녔다. 세 명이 넘으면 사색보다는 술이 개입되어 유흥에 빠지기 일쑤여서 일부러 피하는 경우가 많은 시절이었다. 그 무렵 쓴, 아니 쓰인 시다. "경전 같은 숲길" 끝에는 늘 절이 숨어 있지 않은가. "숨어있는 절 한 채"를 찾는 행위는 산이 많은 이 땅에서 우리가 누리는 복이라고 하지 않을 수 없다.

경북 의성 출생(1951년~2025년). 1979년 《현대문학》으로 등단. 시집 『서쪽 마을의 불빛』, 『그해 가을』, 『꽃댕강나무』, 시선집 『와선』, 『낮은 위쪽, 물같이』, 문집 『길 위의 시간들』 출간.

운문

배롱나무 근처 그늘에서의 일이다
한여름 오후 하나인 듯 여럿인 듯 매미 울음이
지축을 뒤흔드는 절집 마당
참새는 내려앉다 말고
허공 속으로 이내 사라진다

법고가 울리니 개울물이 저리 맑다
어깨 너머 나무의 푸른 하늘은 예 그대로
꽃담에 기대어 선 나는 비非,
아니 나비가 되어버린 나반존자의 하늘
구름은 멀고 체에 거른 바람이 건듯 분다

운문을 나서니 운문이
시가, 노래가 되는 것은 사이라는 현이다

| 김 상 환 | 6월 둘째 주 |

시작 노트

 절집만한 시적 공간이 있을까. 운문사의 여름, 나무 그늘 아래에서 운雲/韻과 문門/文, 그리고 무유無有를 생각한다. 말과 사물, 검은 빛의 사리, 그리고 깊고 오묘한(玄之又玄) 사이 존재야말로 시와 노래의 극치이자 묘처가 아닐까. 울음이 울림이 되는 순간이다.

1957년 경북 영주 태생. 1981년《월간문학》신인상, 1993년《문화비평》에 「한 내면주의자에 대한 비망록적 글 쓰기-이가림론」으로 등단. 시집 『영혼의 닻』 및 프란체스코 페트라르카 시집 『칸초니에레 Canzoniere』 공역(2004년 민음사) 출간.

시詩

 쓸모없이 자라는 오지랖과 한쪽으로만 기울어지는 외고집과 필요 이상의 변명과 이유를 잘라냈다 하얀 비명이 떨어진다 끈적한 울음이 손가락 사이사이 들러붙는다 손금이 뚜렷해지기까지는 얼마의 시간과 얼마의 햇빛이 필요한지 생명선이 길어질 때쯤 겨드랑이 밑으로 곁가지가 돋아난다 저, 눈물겨운 균형 자꾸 혼잣말이 늘어난다

박숙경　6월 셋째 주

시작 노트

눈앞에 뱅갈고무나무가 있었고, 그 나무를 생각했고, 잘 키우려면 어떻게 해야 할까를 고민했다. 괜찮은 나무로 자라게 하기 위해선 잎사귀를 따주고 가지도 잘라내야 한다는 그 지점에서 시작詩作이 시작始作되었고 고민은 시시때때로 자라 시로 진행되었다.
원산지에서는 신성한 나무로 여기는 뱅갈고무나무. 오늘도 신성한 한 편의 시를 위하여 나의 혼잣말들이 입안에서 웅얼거린다.

경북 군위 출생. 2015년 《동리목월》로 등단. 시집 『날아라 캥거루』, 『그 세계의 말은 다정하기도 해서』 출간. 시하늘문학회, 은시 동인.

벚꽃 후기

벚꽃을 보러 갔네
내일 비 온다는데,
막차에 매달린 기분으로

벚꽃나무는 이사 나간 집처럼 어수선했네
바람이 여러 번 다녀간 흔적이 도처에 뚫려있네

축제의 막이 내린 희미한 골목을 휘돌아 나오네
내년에 오라는 속삭임이 명치를 찌르네

그 말이
밤기차를 타고 떠난 사람의 어깨처럼 글썽이네

얼음에 갇혀 있던 통증이 내게로 돌아왔네
꽃을 검정으로 덮어씌웠던 날들이
무량한 꽃잎으로 피어나네

온몸에 눈을 달고 그 날의 벚꽃 찾으러 가네

길에 얼싸 안겨 분홍 숲의 미아가 되어도 좋겠네

| 지 정 애 | 6월 넷째 주 |

시작 노트

  꽃은 늦게 왔다. 꽃을 오랫동안 몰랐고, 알았을 때는 이미 떠난 뒤였다. 시를 통해서 늦은 꽃을 만난다. 꽃을 알고 시를 쓰는 게 대부분이라면, 나는 시 안에서 꽃을 하나씩 만났다.
  시를 쓰면서 자연과 삶에 대한 무지의 껍질을 벗겨나간다. 늘 한 발자국 늦은 데서 시는 출발한다.
  작년 어느 봄밤, 도원 중학교 옆 골목에 벚꽃 보러 갔더니 벌써 다 져버린 것이었다. 그제서야 꽃을 찾으러 갔다. 청도로……. 뒷모습을 보면서 '미아'가 되어도 좋다고 생각했다.

경북 안동 출생. 2009년 《서정시학》으로 등단. 시집 『속삭이는 바나나』 출간.

그 반찬 가게의 비법

물방울 튕기던 손도 늙어간다. 매운 불맛 라면 광고에 귀찮은 저녁 한 끼를 뜨겁게 매운 라면으로 예약한다. 게으른 손은 먼저 미안했지만 금세 당당해지기로 한다

손맛 좋은 반찬가게엔 귀찮은 손들이 긴 줄 선다. 긴 줄에 끼어든 나는 반찬 가게 주인에게 이 많은 반찬을 어떻게 매일 요리하느냐고 물었더니,

"죽을힘으로 만듭니다."
그녀 대답, 오래 발효된 저염도 건강식으로 걸어 나왔다

죽을힘으로 무친 파래와 김치의 비법을 내 비법 마냥 詩의 밥상에 차린다. 손끝에 물방울 튕기며 쓴 내 詩는 밍밍하거나 짜다. 사람들은 간이 맞지 않는 내 詩에 무관심했고, 감동으로 푸짐한 상을 차려내는 일은 더더욱 없었다. 밥상은 늘 허술했다

봄은 겨울을 건너온 나무에게만 깨소금 같은 꽃을 허락하고 있다. 그 반찬가게의 비법에 뿌린 그녀의 고단까지 질투하는 내 詩의 밥상은 아직도 끓고만 있다. 암만해도 더 죽을 만큼 고단하게 그리워해야 입맛 도는 詩가 될 모양이다

| 모 현 숙 | 6월 다섯째 주 |

시작 노트

  내 詩의 밥상은 늘 허술해서 밍밍하거나 과하게 짜서 입맛에 맞지 않았다. 다른 시인들의 詩는 입에 착착 감기는 맛이 있는데 나는 늘 전전긍긍이었다. 목련시장 반찬가게 주인이 뱉은 "죽을힘으로 반찬을 만듭니다."라는 그 한 마디에 나는 꼼짝도 할 수 없었다. 詩는 오래 들여다보고, 깊이 나누며, 죽을 만큼 치열하게 쓰는 일인 것 같다. 나는 詩를 너무 만만하게 보고 있다가 갈수록 된통 혼나는 중이다. 그러나 감동과 위로가 되는 詩를 쓸 수 있는 날을 늘 품고 산다. 그래서 허술한 밥상 앞에서도 여전히 詩를 쓰고 있다.

2014년 《조선문학》 신인상으로 등단. 시집 『바람자루엔 바람이 없다』 출간. 詩공간 동인.

오독誤讀

TV 자막에서 '문장'을 '분장',
'산을 오른다'를 '신을 오른다'로 '성매매'를 '정매매'로
'사건'을 '시간'으로 읽었다.

오독이었다.

가을날,
수목원 개옻나무에 걸린 명패에서
'수액樹液은 약이 되나 독성이 있다'를
'추억追憶은 약이 되나 독성이 있다'로 읽는다.

오독이다.

'고목나무'를 '고독나무'로 읽은 날,
비로소 알았다.
오독이 아니라 그대 떠나간
텅 빈 마음에서 울려온 말씀인 것을.

이 가을 수목원에는
고독나무가 붉게 물들어가고 있다.

| 구 석 본 | 7월 첫째 주 |

시작 노트

   시의 변함없는 대상은 인간의 존재론적 문제다. 존재의 의미, 존재의 형상, 존재의 본질 등에 대한 탐구는 시의 화두 중 하나일 것이다. 시적 대상이 그 무엇이든 시인의 시선과 정신은 인간 존재의 궁극적인 탐구에 있다고 본다. 시인은 인간 문제에 대한 궁극의 질문과 그 답을 끊임없이 찾아 가는 사람이라 생각한다.
   최근에 가지는 관심은 인간이 지닌 고독이다. 흔히 말하는 절대 고독이다. 인간 존재론적인 질문의 답은 결국은 절대 고독에 가 닿는다고 생각하기 때문이다. 인간의 존재 양식의 본질은 혼자이기 때문이다. 그래서 인간이 지닌 절대 고독에 대한 나름의 시적 사유를 시화詩化하는 데 열중하고 있다.

1975년《시문학》으로 등단. 시집 『지상의 그리운 섬』, 『쓸쓸함에 관해서』, 『추억론』, 『고독과 오독에 대한 에필로그』 등 출간.

1945년생 닭띠들의 계모임

유리진열장 속 끝도 없는 색색의 알약들

밥보다 약이 더 많아진다는
45년생 해방둥이 그녀들,

잊은 듯 기억날 때마다 죽음이 봄날 흰 가루약처럼 퍼지고 있었다

| 석미화 | 7월 둘째 주 |

시작 노트

　데미안 허스트의 작품 〈알약 캐비닛 *Pill Cabinets*〉(1999-)은 벽면이 거울로 된 캐비닛 안에 수많은 모형 알약들이 진열되어 있다. 전시를 보는 내내 1945년생 해방둥이인 그녀의 말이 맴돌았다. "이제 밥보다 약이 더 많아져", 누구라 할 것 없이 가방에서 약을 꺼내 한주먹씩 털어 넣는 봄날 모임, 죽음의 불안에서 해방되는 순간이 있었을까. 유리진열장 속 더 깊숙이 나를 비춰본다.

1969년 경북 성주 출생. 2010년 《매일신문》 신춘문예, 2014년 《시인수첩》 신인상으로 등단. 시집 『당신은 망을 보고 나는 청수박을 먹는다』 출간.

목덜미

그 사람을 버리고 그 사람에게 가는 동안
창문으로 비둘기가 날아왔다

찬란하다 날짐승이여
흔들리는 새벽의 음악이여

모든 색이 저 목덜미에서 나왔을까

파랑인가 하면 피투성이 붉음,
붉음인가 하면 비명을 삼킨 검정의 기미
죽어서까지 기막히게 달라붙던 날짐승을 숨죽이며 바라보았다

목덜미가 움직일 때마다 색은 바뀌었고 잔디밭에 뿌려져 초록을 얻었지만

그 사람은 오지 않았다

| 박 미 란 | 7월 셋째 주 |

시작 노트

  새벽에 커피 한 잔 들고 책상에 앉았다. 나는 베란다에 날아드는 비둘기를 바라보는 일에 제법 긴 시간을 바쳤다. 그런 나를 위로하듯 비둘기는 수없이 목을 움직이며 파랑, 붉음, 보라 등 자신이 가진 온갖 색깔을 보여주다가 비명을 삼킨 검정으로 모든 순간을 덮어버렸다. 한동안 나는 어디 홀린 듯 아름답고 찬란한 그 색깔들에서 빠져나올 수 없었다. "그 사람을 버리고 그 사람에게 가는 동안"이라는 첫 구절은 보낸다고 수없이 말하면서도 보낼 수 없었던 내 마음의 어떤 상태.
  비둘기의 목덜미만큼 인간의 복합한 감정, 사랑이나 원망, 그리움이나 기다림을 잘 드러낼 수 있는 대상을 또 만날 수 있을까. 돌아보면 새벽에서 아침, 저녁에서 밤으로 이어지는 우리들의 일상은 경계에 있다. 비둘기의 목덜미처럼. 이곳도 저곳도 아니면서 이곳이며 저곳이기도 한 우리들의 삶.
  한 마리의 비둘기가 날아가고 또 한 마리의 비둘기가 날아왔지만 그 사람은 오지 않았다.

강원 황지 출생. 1995년 《조선일보》 신춘문예로 등단. 시집 『그때는 아무것도 몰랐다』, 『누가 입을 데리고 갔다』 출간.

유월, 접시꽃

내내 기다린 여름날 키 큰 마디마디 겹겹이 맺혔다
빨강 분홍 하양의 꽃들이 필 때마다
지상에서 가장 아름다운 접시들 눈부시다

세상을 향한 뜨거운 사랑 한 움큼 빨강접시에 담고
늘 설레는 바람 한 줄기 분홍접시에 담으면
먼 기다림으로 익는 포도송이 하양접시에 담을까

하늘 선반에서 내려온
그대 가난한 여름 저녁의 상차림을
향기로만 맡아도 부끄럽지 않은

햇살바램으로 피어난
소리 없는 접시들이
유월 하늘 아래
팽그르르

| 윤 순 희 | 7월 넷째 주 |

시작 노트

지상에서 빛나는 유월을 더욱 아름답게 하는
접시꽃의 마음으로······.

경남 합천 출생. 고려대학교 대학원 문학예술학과 졸업. 2011년《경상일보》신춘문예로 등단. 영천 한해정 대표

모퉁이에서
―조선희 시인 추모 특집(「성주문학」 10호, 2010)

그녀가 생전에, 아주 어릴 적, 이웃집에 시루떡 돌리던
이야기를 쓴 시를 읽다가, 마당귀에 떨어진
봉선화 마지막 한 잎, 손톱 물들여 주던 언니
저승길 밝히라고, 붉다……고 쓴, 시를 읽다가

그녀의 신랑이랑 착한 아이들이, 아이 같은 그녀를
들꽃이라고, 흰 눈 닮은 개망초꽃
이라고, 엉엉 울면서, 꾹꾹 눌러 쓴, 시와
서로 손 꼭 잡고 활짝 웃던, 사진을, 읽다가

| 배 창 환 | 8월 첫째 주 |

시작 노트

　고적한 날, 내 서가에서 오래 전 성주문학 창간 준비호로 낸 시 낭송집 『시루떡 돌리던 날』과, 꼭 10년 뒤에 낸 조선희 추모 특집이 담긴 『성주문학』 10호를 찾아, 그의 대표작이 되어버린 「시루떡 돌리던 날」이며 애틋한 시 몇 편, 가족들의 절절한 글과 사진 몇 장을 읽는다. 죽음을 이기는 것이 산 사람들의 기억뿐이라면, 기억을 생산해 내는 일상과 인연의 소중함이 새삼 엄중하게 다가온다. 그는 생전에 남을 위해 늘 봉사하는 삶을 살아냈다. 시를 쓸 시간이 너무 짧았던 그는 삶으로 시를 썼다. 오랜 시간의 풍화를 견뎌낸 삶과 시의 아름다운 편린들을 기억하여 퍼즐을 맞춰보는 것은 산 사람들의 '특권'이다.

경북 성주 출생. 1981년 《세계의 문학》으로 등단. 〈분단시대〉 동인으로 활동. 시집 『잠든 그대』, 『흔들림에 대한 작은 생각』, 『겨울 가야산』, 『별들의 고향에 다녀오다』, 시선집 『서문시장 돼지고기 선술집』, 『소례리 길』, 시 교육 관련 『이 좋은 시 공부』, 학생 창작시집, 수필집, 시 감상집 다수 출간. 대구작가회의 대표, 한국작가회의 부이사장. 대구시인협회상, 작가정신문학상 수상.

ㅅ랑, 그즛말이

귀환이 곤란한 곳에서 불면을 만난다 비박동성 이명이 결절 없는 소리를 밀고 들어와 불면의 미로를 더듬는다 그대가 왔으면 그대가 나의 이명을 넘어 불면의 꿈을 깨웠으면 파고가 높은 현기증이 보리밭을 흔든다 파열된 귀를 가진 나는 이미 세상의 소리를 듣지 못하니

그대가 왔으면 좋은 날 짙게 놓인 그늘에 페르시안 흠집을 만든다 적소에 놓인 나는 세상으로부터 버려진 몸 페르시안 흠집은 고적한 적소에서 그대가 닿을 자리다 보리밭을 넘어 어지러이 닿을 그대는 본초자오선을 건너 나에게 올 것이다 그대에게 나는 본초자오선이고 싶어 오래전에 그쪽으로 넘어진 적도 있으니 그리하여 내 몸속에서 풀이 자라 폐허가 된 적도 있으니

ㅅ랑 거즛말이 님 날 ㅅ랑 거즛말이
꿈에 뵌단 말이 긔 더욱 거즛말이
날갓치 줌 아니 오면 어늬 꿈에 뵈리오*

사랑한다는 거짓말이 그대가 나를 사랑한다는 거짓말이 꿈에도 보인다고 한 것은 거짓이었는지 이렇게 잠이 오지 않고 이명이 깊은 밤에 그대 없이 적소에 있는 나의 어느 꿈에 보일런가 나는 이미 이토록 비루해졌으니 ㅅ랑 거즛말아 백년이 벌써 지난듯하다

*김상용(1561~1637)의 시조

| 천 영 애 | 8월 둘째 주 |

시작 노트

평생 시를 써오면서 본격적인 사랑시를 써본 적이 없다. 쉬운 것이 사랑이지만 또 어려운 것이 사랑이라 글로 옮기기가 어려웠다. 잘못하면 가볍고 또 가벼운 시가 될 것 같아서다.

이제 삶의 희로애락을 겪을 만큼 겪고 나이 쉰을 넘었으니 사랑에 대한 시를 써보아도 괜찮지 않을까 하는 생각이 들었고, 사랑시로 책을 한 권 내고 싶다는 생각도 했다. 그렇게 생각하고 작업을 해오다가 어느 날 문득 병이 들어 쉬고 있으니 아직 사랑시는 내게는 먼 것인가 하는 마음도 든다.

그러나 결국 사람은 그 모든 방황과 두려움 뒤에 사랑에 머물 것이고, 죽음의 순간에도 사랑만 남을 것임을 믿기에 아직 다 쓰지 못한 사랑시를 계속 쓴다.

시집 『무간을 건너다』, 『나무는 기다린다』 외, 산문집 『사물의 무늬』, 『시간의 황야를 찾아서』 출간. 대구문학상 수상

남해 낮달

남해 횟집의 유리창 앞에서 낮달을 본다

투명유리에 엇각으로 시선을 던진다
유리창의 반사로 겹쳐지는 상념들 뒤로
현실은 선명한 밑그림이다

고인 눈물에 난반사되어
부옇게 흐려지는 시간의 흐름, 그 흐름의
물 어귀마다 죽방의 그물이 팔을 벌리고 있다
씨알 굵은 사유들이 그 품속에 들었다가
빠져나가지 못하고 걸린다
그물에 투과되는 햇빛의 끝자락을 따라
달의 무의식이 반쯤 깨어나 어룽거린다

절뚝거리며 뒤따라오던 낙엽이
수면에 뛰어들어 멀찌감치 머뭇거린다
말하지 못한 말이 낙엽 위에 겹쳐져
더 흐릿하게 흘러간다

안 윤 하　　8월 셋째 주

시작 노트

　낮달은 햇빛을 반사하지만 직사되는 햇빛에 난반사되어 그 빛을 잃고 겨우 제 면모를 유지하고 있다. 투명유리도 대부분 빛을 투과하지만 시선에 따라 그 빛의 일부를 반사한다. 투과된 유리창 안에는 사람들이 멸치 짜글이와 멸치회를 먹고 있다. 그러나 유리창에 반사되는 풍경은 남해의 흐르는 물과 그 물의 흐름을 이용한 죽방 그물이 멸치를 가두고 있다. 투명유리에 반사되어 선명하지 않은 이 풍경은 유리창 안쪽의 현실의 풍경과 포개져 아이러니를 연출된다. 유리창에 어른거리는 남해의 광경과 같은 이미지를 연출하는 낮달은 빛을 잃고 흐릿하게 흘러간다. 직사광선에 맞부딪는 반사광선, 인생의 사회적 현상들 중에 낮달과 같이 흐릿하게 살아가는 사람들에게 주목한다. 절뚝거리며 살아가는 사람들이 마음껏 말하지 못하는 말이 반사광선에 해당하는 사회 뒷면의 현상처럼 흐릿하게 세월을 흘려보내고 있을 것이다. 낮달과 낮의 투명유리에 반사되는 풍경과 사회적 약자의 삶, 그리고 직설에 밀려 말하지 못한 말을 연결고리로 엮어 표현했다. 쉽고 간단하며 짧은 시에 깊은 의미를 담으려고 노력하지만 쉽지 않다.

1998년 《시와시학》 신인상으로 등단. 시집 『모마에서 게걸음 걷다』, 『니, 누고?』 출간. 2020 대구예술상 수상. 대구문인협회 회장.

수국

느닷없이
줄기가 잘리고
푸른 염료에 잠겼다

물을 주세요
들리지 않는 비명
푸르게 타들어 갔다

죽도록 도리질을 해대던 흰 꽃잎
푸른 눈물을 흘렸다

눈을 감았다
모세혈관까지 차오르는 끈적한 액체

수국은 죽었다

죽어서 죽지 않는
눈부신 꽃

프리저브드

어느 날 연인이 와서

| 이 희 숙 | 8월 넷째 주 |

티 없이 맑은
하늘 한 다발을 안고 갔다

시작 노트

   삶은 느닷없다. 비가 오다가 바람이 분다. 꽃이 피다가도 얼어버린다.
   거친 바람에 날아가 바위에 떨어진, 아니야 아니야 되뇌어도 흙 없는 바위에 뿌리를 내려야 하는, 종일 비에 젖어도 바위를 잡고 버텨야 하는 씨앗, 그 안에서 싹튼 생명이 자라 잎을 키우고 가지를 뻗고 결국은 한 송이 꽃을 피운다. 척박했기에 더 짙은 빛으로 피어날 수 있었으리라.
   마르고 굳어버린 잎을 떼어내지 못하고, 버려야 할 것을 잘라내지 못하는 나는 자신의 살을 거름으로 다시 싹을 틔우는 한 송이 꽃을 골똘히 생각한다.

2013년 《동리목월》 신인상으로 등단. 시집 『석류나무 서쪽』 출간. 대구문학 작품상, 대구문화재단 창작지원금 수혜.

두 얼굴

겨울이
여름의 밑그림이듯
봄이
가을을 그리고 있다

꽃이
열매의 얼굴이듯

헐벗음 또한
무성함의 얼굴이다

무성한
꽃인 당신

헐벗은
열매인 당신

| 손 영 숙 | 8월 다섯째 주 |

시작 노트

 봄을 보고 가을을 못 보듯, 겨울만 보고 봄을 못 볼 때도 있다. 꽃을 보고 열매를 못 보듯 무성함 속에 있는 헐벗음을 못 볼 때도 많다. 자연을 만나듯 내가 만나는 그대는 어느 계절에 서 있는가?

2014년《문학청춘》신인상으로 등단. 시집『지붕 없는 아이들』,『바다의 입술들』 출간. 2019년《대구문학》올해의 작품상 수상.

송화강 강물소리

2천 년 전 주몽의 말이 먹었을 강물
그 강물소리에 귀 기울여 들어보면
갓난아기 젖 먹는 소리
흰 저고리 검정치마 누이가
물동이 이고 물 길러오는 소리
새색시 머리 풀고 몸 푸는 소리
이불에 수놓인 목단꽃
벙그는 소리까지 들어있는
송화강 강물소리

| 서 지 월 | 9월 첫째 주 |

시작 노트

　만주땅에 압록강 두만강 송화강 해란강 목단강 우수리강 흑룡강 등이 있지만, 백두산에서 발원한 송화강이 길림, 하얼빈을 거쳐 가목사, 동강시를 지나 북태평양으로 흘러드는데 길림에서의 송화강은 얼지 않는다고 한다.
　그래서 영하의 강추위가 되면 송화강의 수증기가 피어올라 송화강변 뿐만 아니라 길림시가지의 겨울 나뭇가지들까지 온통 흰 눈이 내린 듯 서리꽃이 핀 듯 일대 장관을 이룬다. 이곳 길림은 주몽이 그의 어머니와 22세까지 살았던 곳으로 알려져 있다.

1955년 대구 달성 출생. 1985년《심상》, 1986년《한국문학》신인작품상으로 등단. 시집『꽃이 되었나 별이 되었나』,『강물과 빨래줄』등 출간. 2017년 5월, 흑룡강성 성도 하얼빈조선민족예술관 초대「서지월육필시화전」개최. 미당문학회 자문위원 겸『미당문학』편집위원. 한민족사랑문화인협회작가회의 공동의장.

색소폰 울다

손가락 끝으로 놀러가는 마디마다
음 이탈 난 흥겨운 새소리 같은 통증에
오늘은 목이 쉬었다
생기침을 하고 장승처럼 목을 빼어 봐도
쉽게 돌아오지 않는 쉰 목소리
늦은 밤,
사각의 검은 방도 덩달아 흐느껴 목이 쉬고

맞아, 목소리 돌아오지 않을 바엔
내 것이 아닌 것을 내 것으로 착각했던
그날처럼 그냥 흐느끼는 거야
잠의 사방을 뒤척이는 검불덩이 속 햇쑥처럼
생각할수록 더 아득해져만 가는
안타까운 그 이름을 불러 보는 거야

| 안 연 화 | 9월 둘째 주 |

시작 노트

  뜨겁던 햇살도 8월 15을 넘기면서 기가 죽고 가을인가 싶으다. 인생도 육십을 넘기면서 아픈 곳도 생기고 기가 죽는다. 그 즈음 뭔가 새로운 것에 도전해 보자는 생각이 들었다. 성취하는 보람도 느끼면서 내면의 즐거움도 가질 수 있는 것을 찾다가 색소폰과 인연이 닿았다. 때론 햇살 부서지는 대낮에, 때론 컴컴한 밤 달빛 벗 삼아 방음 장치된 어두운 방에서 색소폰을 분다. 가슴 깊은 곳에 쌓아 두었던 지난날을 뱉어낼 때의 후련함은 삼십 육도의 여름날 폭포수 같다고나 할까. 색소폰과 시는 닮은꼴임을 다시 한 번 느껴본다.

2006년 《시를 사랑하는 사람들》 신인상으로 등단. 시집 『헐렁한 시간』 출간. 〈서설시〉 동인.

이사

위층에서 물 내리는 소리 들렸다

화장실 가는 횟수를 줄였다

누군가 현관문을 자주 두드렸다

살지 않는 것처럼 했다

엘리베이터 멈추는 소리에 돌아보는 습관이 생겼다

그럴 때마다 신발을 돌려놓았다

누군가 마주치는 일이 점점 두려워져

나에게 더 치밀했다

이 빽빽한 검은 숲 안에

혼자 버려진 채 살아지고 있다는 느낌

여기서 살아간다는 건 죽은 척하는 것일까

| 이　향 | 9월 셋째 주 |

그것에도 연습은 필요하니까

칸칸마다 불이 켜지고 차들이 돌아왔다

그러자, 한 번씩

조문객들처럼 잠시 울음이 터지는 소리가 들리곤 했다

시작 노트

　　얼마 전 고층 아파트로 이사를 왔다. 마당을 잃어버린 대신 높이를 가졌다고 생각했다. 높이라는 것, 여러 겹의 벽을 가지는 것이었다. 벽을 타고 흐르는 냄새를 맡으려고, 나를 흘리지 않으려고 종일 긴장하고 있는 나를 본다.
　　여기서라면 당신과 멀어질 수도 있겠다.

2002년 《매일신문》 신춘문예로 등단. 시집 『희다』, 『침묵이 침묵에게』, 『우리는 서로에게 닿을까 봐』 출간.

성황당

성황당 고갯길
홀로 기다리다
표시처럼
돌 하나 놓고 왔더니

달빛 된 그대 마음
조용히 내려와
돌 포근히 덮고 있었다.

김종근 9월 넷째 주

시작 노트

   산골 마을의 성황당 고갯길은 읍내로 나가는 마을의 통로이다. 그곳에는 소나무가 아닌 당나무, 신나무, 가시나무 등이 빽빽이 우거져 있고, 돌무더기가 탑 모양으로 덩그렇게 쌓여 있었다. 마을 사람들이 읍내로 나갈 때마다 돌을 하나 던지고 침을 한 번 뱉고 무사히 다녀오게 해 달라고 두 손 모아 산신에게 기도하는 신성한 장소였다. 잡목이 너무 우거져 함부로 들어갈 수 없는 신비로운 곳이었다. 그래도 그런 곳은 시골 청춘 남녀의 은밀한 사랑이 이루어지는 곳이다. 바람난 처녀가 부모 몰래 야반도주할 때도 그곳을 통과하면서 무사하게 해 달라고 기도하는 곳이었다. 그런 신성한 곳이 90년대까지 남아 있었는데, 지금은 성황당이 흔적도 없이 사라지고 편도 1차선 도로가 되어 있다. 오랜만에 고향에 갔다가 어릴 적 성황당 고갯길을 찾으려고 위치를 가늠해 보면서 쓴 작품이다. 그리운 이의 마음을 달로 의인화하여 시적 자아(돌)를 포근히 덮는 과정을 묘사해 보았다.

1954년 경북 의성 출생. 2008년 《심상》으로 등단. 시집 『홍시』 외 출간. 대구문인협회 시분과 위원장, 수성문인협회 부회장.

기척

병실 8층이 비에 젖는다
이쯤에서 보는 저 각도는 비의 허리이거나 발목쯤

내리는 비 꺾어 엄마 머리맡에 둔다
빗자국은 머리카락으로 흘러내리다가
눈 코 입을 적시다가 종내에는 아랫도리로 흘러
내가 젖는다

돌아가신 지 사십 년 아버지
뜬금없이 내뱉는 말
'기르던 암탉 한 마리 잡아 고아 먹이지 못한 게 한이여'

가을비 기침처럼 쿨럭이는 엄마
'흐릿한 눈보다 밝게 헬스케어 해 준다'는
티브이 광고 낭랑한 여자 목소리 찢고 튀어나온 말
병실이 흐릿하게 젖는다

엄마는 입맛을 다시는 고양이처럼
코끝을 찡긋하다
발가락 꼼지락거리며 다시 잠이 들고

비의 기척만 병실을 채운다

| 차 회 분 | 10월 첫째 주 |

시작 노트

젊어 혼자 된 엄마가 아프다. 남겨진 자식들 뒷바라지에 악착같이 살았다. 아플 여유도 없이 사셨다. 병원은 안식처인가? 오랜만에 푸념을 하신다. 창밖의 빗소리처럼 주절거리신다. 이제 아버지를 만나고 싶으신 것일까? 편안해 보이는 얼굴이 안쓰럽다. 아버지의 기척처럼 빗소리 가득한 병실, 오랜만에 차라리 편안해 보이신다.

경남 합천 출생.《시인시대》로 등단. 시집『흐린 날의 고흐』출간.

섬의 노래

나의 관을 안고 노랠 부른다
꽃이 피면 지는 것이 당연하듯이
내 태어날 때 연초록 얼굴이었다
어느 새 갈색 팔다리로 삐걱거리며 걸을 때마다 흔들린다
내일 죽을 것처럼 사랑했어도
백골로 누운 먼지일 뿐이다

나뭇잎보다 반짝이는 삶은 아니어도
거적때기에 누워 손가락질 당하지 않는 하루를 살아야 텐데
신의 나라에 발을 걸친들 무슨 의미가 있겠나
욕심을 내려놓지 못한 채 그리움으로 위장하였다면,
사랑으로 죽어도 좋다고 말했던 꽃의 시절처럼 허무하고
느닷없는 번개에 굵은 가지 한두 개 잃었어도
결국은 살아남았다
씨앗 날아가 새 땅에 깃발을 펄럭이는 목선이었다

황야의 척박함일수록 기도가 샘 솟아나고
극한지역에 뿌리내린 꽃이 더 아름답다
신전의 기둥을 잡고 울어도 응답은 없고
모든 문제의 답은 내 안에 있었다
수도원 마당을 차지한 침묵의 꽃으로
내 남은 날의 노랠 채운다

| 서 정 윤 | 10월 둘째 주 |

시작 노트

아버지의 눈물은 어디쯤에 쪼그리고 앉아 나를 기다리고 있었던가. 고통은 물보다 빨리 모여서 바퀴를 굴리고 흐르는 것의 뒤에서 따라가기에 급급하던 시간의 틈. 꽃이 져도 무덤덤한 가슴으로 소리를 듣고 있다. 경계인으로 충실하면 되는 걸 잊고 있었다.

1984년 《현대문학》으로 등단. 시집 『홀로서기』 외 다수 출간. 2012년 한국문협 작가상 수상.

봄산, 진달래

겨울을 묻고
봄을 밀어올린 날들, 붉다

여기저기 봄 마중으로
시끌벅적하지만

입은 땅속에 묻고
귀를 밀어올린 꽃들, 고요하다

이 산, 저 산 귀동냥이다

듣는 것은 많아도 말이 없는, 봄산
고요하기만 하고

이순耳順이 지났는데도, 아직
봄은 멀기만 하다

| 김 석 | 10월 셋째 주 |

시작 노트

  말들이 날라 다니는 세상이다. 귀로 듣는 말, SNS로 보는 말들 넘쳐난다. 양두구육이니, 내로남불이니 전부 입으로 남에게 상처를 주는 말들이다. 눈 감을 수도 귀 막을 수도 없으니 답답할 뿐이다.
  입은 '口'이다. 꼭 필요하다. 먹어야 사니까. 그런데 밥 먹고 나오는 말은 영 아니다. 꼭 고삐 풀린 초원의 말 같다. 사람의 말이 믿을 '信' 인데 각지고 날카로우며 가볍다. 말하기는 쉬워도 침묵하기는 어렵다. 침묵이라는 말을 갖고 싶다.

경북 포항 출생. 2004년 《시인정신》 시, 《문학청춘》 시조로 등단. 시집 『거꾸로 사는 삶』, 『침묵이라는 말을 갖고 싶다』 외 출간. 대구예술상 수상.

모눈

별똥 먼저 움켜쥔 건 아마도 날벌레였을 거야

방충망 앞 서성대는 그림자를 보다가
뜨거운 체념으로 나를 기웃거리는 시간

불빛 보이면 달려드는 오랜 습성으로
너의 손끝 닿을만한 거리에서 날개 활짝 펼쳐든다

촘촘한 사각의 틀
빠져 나갈 시야 확보하려, 몸피 줄여 보겠다고
너는 얼마나 바동거렸을까

이쪽에서 보는 거기에, 저쪽에서 보는 여기에
낯선 아침이 무겁던 눈꺼풀을 열면 뒹구는 날개 수북한 정방형 창문

가장 밝게 동이 트는 평원이 담담하게 기지개를 켜는 거기서는
누가 안이고 누가 밖인지 도무지 알 수가 없다

| 임 서 윤 | 10월 넷째 주 |

시작 노트

  별은 가까운 거리에서 환하게 빛나고 있었지만, 언제나 길고양이와 나와의 거리였다. 그 여름밤, 가로 세로 숨 막히게 맞닿은 방충망 칸 앞에서 거리 좁힐 수 없는 이유를 알아차렸다. 저쪽의 별도 나를 보고 얼마나 답답했을까? 날개 활짝 펴리라. 사소한 것에 걸리지 않는 바람이 되리라. 이런 저런 다짐을 하면서도 나는 저쪽의 별이 더욱 궁금해졌다.

2016년 《문장》으로 등단. 시집 『사과의 온도』 출간. 〈형상시학회〉 회원.

아무 일도 없었다

비둘기 한 마리
아침을 흔들고 있네
유해조류로 낙인 찍혀도
내 아침은 네가 깨우네
가당찮은, 인간의 무모한 잣대로 너는
이제
별 볼일 없는 새 되었더라도
아직 내게
아침을 물어다 주는 너는, 착한 이웃이네

아침은 어제처럼 환하네
이마의 낙인쯤은 나도 너도 개의치 않아
하루를 또
가볍게 시작할 수 있겠네

| 송 진 환 | 11월 첫째 주 |

시작 노트

2009년 5월 어느 날부터 비둘기가 유해조류로 분류되었다 한다. 나름 까닭이야 있었겠으나 그 기준이 합리적인지 아닌지는 알지 못한다. 단지 내 가슴에 남아 있는 비둘기는 그냥 그대로 평화의 상징이고 부부 사랑의 상징이고 장수의 상징일 뿐이다. 그리고 나는 지금도 아침마다 그를 만난다.

1978년 《현대시학》, 2001년 《매일신문》 신춘문예 시조 당선. 시집 『바람의 行方』, 『잡풀의 노래』, 『조롱당하다』, 『누드시집』, 『못갖춘마디』, 『하류』, 『11월의 저녁』 출간.

혀

묘법연화경 외는 걸 일과로 삼았다는 스님,
사흘 굶은 범이 몸뚱이 다 뜯어먹고도 끝내 건드리지 못했다는

꽃빛 혀, 향기 속의 향기로 이어진 길로
개울물 구르듯 달빛 퍼지듯 휘파람새 울 듯
다 자는 밤이면 도드르 말린 일곱 권 말씀이 생시 음성으로 풀려져 나와

죽은 채로 산 노승의 마음을
초목도 바람도 햇살도 숨죽이고 듣고 있더라는 이야기가 이 절터에는
아직 붐빈다

| 손 진 은 | 11월 둘째 주 |

시작 노트

　『삼국유사』 제5권 「혜현구정惠現求靜」편에 나오는 이야기다. 육신은 뜯어먹어도 혀는 먹지 못했다는 이야기는 죽여도 끝끝내 죽일 수 없는 것이 말, 즉 진리라는 의미가 아닐까? 사는 것이 진리라는 말이 아니겠는가? 마치 신라 경문왕의 큰 귀를 혼자만 알고 있던 복두幞頭쟁이가 대숲에 가서 "우리 임금님 귀는 당나귀 귀"라고 한 마디 뱉고 죽자, 그 뒤로 바람만 불면 대숲이 그 말을 되풀이하듯 말이다. '혀'는 이렇게 무섭고 정직하다.

1987년 《동아일보》 신춘문예, 1995년 《매일신문》 신춘문예 문학평론 당선. 시집 『저 눈들을 밤의 창이라 부른다』 외 3권, 저서 『시창작교육론』 외 8권 출간. 금복문화상, 시와경계문학상, 대구시인협회상 등 수상.

감자

저녁 반찬으로 감자볶음이 먹고 싶어졌다
우윳빛 살결에 짭짤한 소금을 뿌려
흰 쌀밥과 걸쳐 놓고 싶어졌다
퇴근길 한 봉지를 껴안고 돌아왔다
얼른 속살을 만나보고 싶어졌다
한 알 한 알 외투를 벗겨내기 시작했다
앗! 다 벗겨낸 감자의 속마음
여기 저기 멍들고 썩어 있기까지 했다
감자는 얼마나 가슴 졸였을까
들키지 않고 여기까지 오는 시간을,
감자는 얼마나 기다렸을까
삶은 보이는 것과 다르다는 걸
감자에게 나를 들킨 저녁이다

| 정 이 랑 | 11월 셋째 주 |

시작 노트

서문시장에서 나는 원단장사를 한다. 결혼을 하고 시작했으니 20년이 넘어섰다. 이제는 서문시장이 나의 삶의 터전이기도 하다. 매일 퇴근을 하면서 저녁 반찬거리를 준비해 가는데, 하루는 감자를 볶아서 고추장을 넣어 비벼먹고 싶은 생각에 한 소쿠리를 사서 갔었던 것이다. 껍질을 벗기고 나서 참 많은 생각이 들었다. 썩은 것을 판매한 주인이 미운 것보다는 감자도 우리 사람들처럼 속마음과 겉모습이 다르다는 것을 알게 되었다. 사실 감자가 내게 들킨 것이지만 이런 깨달음을 준 감자에게 내 삶이 들킨 것인지도 모르는 저녁이었다. 누구나 속마음과 겉모습, 같게 살아갈 수는 없는 우리 삶을 감자로 표현해 보았다.

1997년 《문학사상》 신인상으로 등단. 시집 『떡갈나무 잎들이 길을 흔들고』, 『버스정류소 앉아 기다리고 있는』, 『청어』, 『핥는다는 것』 출간. 1998년 대산문화재단 문학인창작지원금 수혜, 제3회 이윤수문학상 수상.

작약꽃 피우기

사랑한다 그 말 한 마디하기 위해
자음들, 모음들 또 많은 경經들
달달달 곱씹었다
태중胎中에서부터 되뇌던 진언
안으로 꽁꽁 다져 마름질하던 주문
산새가 엿들을까
뭇꽃들이 훔쳐갈까
바람이 앗아갈까
두 겹 세 겹 책장 엮듯
굳게 말아 쥔 주먹
한방의 펀치로 무너뜨리며
수류탄 터지듯
한 마디 펑 던진 화두
사랑한다
사랑한다
사랑한다

| 김 도 향 | 11월 넷째 주 |

시작 노트

　사랑한다는 그 흔하고도 쉬운 말, 그렇지만 짝사랑은 어렵고도 두려운 말, 눈빛으로 걸음걸이로 향기로 전하는 말, 심중에서 다스려지고 마름질되어 수 천 번 부르고 내뱉고 싶은 말, 목구멍 밑에서 쓰러지는 피 맺힌 절규, 그 누가 엿보지 않을까 들키지는 않을까 훔쳐가지는 않을까 혼자만의 가슴앓이, 한 달이 지나고 두 달이 지나도록 굳게 말아 쥔 주먹 펴 보이지 않더니 어느 날 아침 수류탄 터지듯 펑 터진 꽃잎, 작약꽃이다 작약꽃이다 작약꽃이야!

군위 출생. 2017년 《시와 소금》으로 등단. 시집 『와각을 위하여』, 『맨드라미 초상』 출간.

당분간이라는 무늬

의자도 의자에 앉고 싶었을 겁니다
공원 구석 기우뚱대는 저 오래된 나무의자도 실은 앉을 곳을 찾고 있다는 생각이 든 건
당신이 오로지 당신의 무늬로서만 고개를 갸웃거릴 즈음이었습니다
당분간 시간을 갖자라고 당신이 말할 때
당분간이 어디 담겨져 있었다가 흘러왔는지는 모르지만
의자는 제 의자를 찾지 못해서
다시 나무가 되리라는 어떤 징후는
지난날의 기척일수도, 부유浮遊하던 소망일 수도 있었습니다
과거로 난 길도, 갈망을 품는 먼 길도 아니라면
당분간은 당체 간절한 허구여서
나는 당신 표정의 덜미만 겨우 움켜잡을 뿐이었습니다
톱날의 흉터란 나뭇결의 입꼬리가 움직이는 딱 그만큼만 비루해지거나
너무 많이 익어서 무늬가 되었습니다
회한의 고개는 삐뚤어지고, 시간을 갈아입지 못해 그대로인 것은 선 채로 기울곤 했는데, 그리하여 숲길 감쌌던 시절은 곧 차오르는 풍경이 되어 당분간을 떠났습니다
과거가 과거를 지우면 당분간이 풀덤불 속에 뿌리를 담그겠지만
의자는 자신이 앉을 의자를 찾을 것이고
마음이라는 이름의 마음에, 당신이 닿을 것이라고
나는 탁본 같은 꿈을 꾸곤 했습니다
그리고 당신과 나는 때마침 당분간이었습니다

| 이 지 희 | 11월 다섯째 주 |

시작 노트

만남과 떠남, 집착과 비움……. 양립할 수 없는 것들이 공존해서 가끔 아팠다. 지금을 유영하거나, 후회를 삼키고 앞을 향해 걸어도, 과거를 재현하는 나를 만났다. 내일과 어제는 지금의 관성 때문에 자주 충돌하곤 했다. 다크브라운 가을과 회색빛 겨울의 경계를 찾다 부질없다는 걸 깨닫는다. 시간의 일직선상에 서 있다는 건, 이미 과거가 된 현재를 꿰는 일. 나답지 않았던 오늘조차 위안이 된다. 당분간이라는 미립자 현재 속에서, 나라고 불려지는 나도 어떤 징후일 뿐.

2018년 《시인시대》로 등단, 시집 『아침수건을 망각이라 불러야겠어』 출간. 2021년 아르코 창작기금 수혜, 2023년 대구문화예술진흥원 문학작품집 발간 선정

후렴

큰일 났다, 봄이 왔다
비슬산 가는 길이 꿈틀거린다
꿈틀꿈틀 기어가는 논둑 밑에서
큰일 났다, 봄이 왔다 지렁이 굼벵이가 꿈틀거린다
정지할 수 없는 어떤 기막힘이 있어
色 쓰는 풀꽃 좀 봐 伐木丁丁 딱따구리 봐
봄이 왔다, 큰일 났다
가난한 내 사랑도 꿈틀거린다

| 강 현 국 | 12월 첫째 주 |

시작 노트

군이 러시아 형식주의를 들먹이지 않는다 하더라도 시는 깜짝 놀라게 하는 힘이 있어야 한다. 깜짝 놀라게 하는 힘의 진폭이 문학성의 진폭이다. 위의 시 「후렴」에서의 '꿈틀거림'은 깜짝 놀람의 표정이자 살아있음의 근거이다. 엄동설한을 지나 또 봄이 오고 또 봄이 와도 깜짝 놀라지 않는다면 그대 가슴이 안녕한지 스스로 살펴볼 일이다. 보라, 봄은 '정지할 수 없는 어떤 기막힘'을 격발시켜 色色의 풀꽃을 피우고, 죽은 나뭇가지 伐木丁丁 천상의 악기를 연주하지 않는가. 가난한 내 사랑이 손 시리지 않도록 부디 "쪼그라든 심장을 활짝 펼 수 있기"(「돈키호테」)를, 잠든 욕망을 일깨워 넉넉한 나날을 꽃피울 수 있기를! 인생의 봄날이 가기 전에.

1949년 경북 상주 출생. 1976년 《현대문학》으로 등단. 시집 『노을이 쓰는 문장』 외, 산문집 『먼 곳으로부터 먼 곳까지』 외 출간. 『시와반시』 발행인 겸 주간.

다시, 화요일

내가 자꾸만 그 밤을 생각하니까
그 밤은 한없이 커졌다
내가 자꾸만 너를 생각하니까
너는 애드벌룬처럼 부풀어 올랐다

어떤 경로로 어둠이 몰려오는지
어떤 이유로 사람이 커질 수 있는지 그러나
오늘은 가볍고 부드러운 구름

그날은 희미한 창밖으로
새벽이 오고 있는 화요일이었는데
수많은 화요일이 지나갔는데 덜컥, 화요일이
백양목 위에 걸려 있었는데
오늘은 번들거리는 호수 위로 떠도는 물보라

너는 물론 동의하지 않겠지만
너를 생각했는데
네가 지워질 때까지
발바닥이 다 닳도록 화요일은 지치지 않고
화요일이 다 닳도록
너는 커지지
너는 도무지 쉬는 법도 없이

송 종 규　　**12월 둘째 주**

젊은 가수의 손가락에서 별들이 떨어져 내리는 저녁
깊숙이 머리를 숙이고 울었다
빛들처럼 화요일이 수북 쌓이는 오늘은 다시, 화요일

시작 노트

　끝이 없는 얼굴이 있고 끝이 없는 날들이 있다. 끝이 없는 생각이 있고 끝이 없는 기억이 있다. 끝이 없는 그리움이나 회환 또한 삶의 세목 중 하나.
　그것들은 삶의 뒤 안에 수북하게 쌓이거나 새벽이 오는 희미한 창밖에서 낯선 손님처럼 서있기도 한다. 때로는 상수리나무 꼭대기에서 슬픈 손을 흔들기도 한다.
　확대되고 명멸하고, 그러나 지치지 않는 이 지독한 문장을 기록한 것을 시라고 말해야하지 않을까.
　화요일이 수북 쌓이는 오늘은 다시, 화요일.

1989년《심상》으로 등단. 시집『녹슨 방』,『공중을 들어올리는 하나의 방식』등 출간. 대구문학상, 애지문학상, 웹진 시인광장 올해의 좋은시상, 이상시문학상 등.

옥잠화

풀 먹인 어머니의 무명적삼이
꽃밭에서 투명 이슬을
받는 밤

미명이 허밍으로 바알갛게 숯다림질하면
채 어둠 속
빳빳이 풀이 서는 향기로운 유년

고향은 항구
먼 밝음 속 진초록 물결 주름이 희망처럼 일어오고

젊은 어머니는 패각의 거울 안
매무새 다듬어
비녀를 꽂으시다

나는 다만 졸음에 빛을 잃는 반딧불이

| 이 정 화 | 12월 셋째 주 |

시작 노트

일생을 통해 내면에서 밝히는 향기와 색과 모양새가 있다. 지난한 삶 속 그 구도와 채도, 명도가 선연하다. 요즘 경제사정과 다른 어려운 유년기였지만, 가족이 모인 가정은 지상의 맑은 향기가 있었다. 요즘도 꽃이 필 때는 꽃잎 속 코를 박아보기도 하고 초록잎 치마주름을 쓰다듬는다. 짧은 만남으로 또 위안 받아 땅 위에 발붙여 어떻게든 살아본다.

1952년 경남 통영 출생. 1991년 《시와 시학》 신인상으로 등단. 시집 『포도주를 뜨며』, 『목조미륵보살반가사유상과 나비』 출간.

검은머리방울새

새들이
산속 집으로 돌아간다

바람마저 얼어붙어
한 점 소리 들리지 않는 저녁
깃털 빠지도록 날아 다녔어도
뱃속에 가득한 건
허기뿐이다

차라리
그 길목에
나 한 그루 오리나무로 서면
수십 개 부리 달려들어
나를 빼먹을까

다 어디로 갔을까
그 많던 오리나무

| 곽 도 경 | 12월 넷째 주 |

시작 노트

  새와 벌레, 곤충을 연구하는 친구가 있다. 어느 날 그 친구가 울먹이는 목소리로 전화를 했다. 자기가 살고 있는 골짝이 난개발되어 나무들이 베어지고 숲이 사라지고 있어 새들이 굶어죽게 생겼다고 안타까워했다. 검은머리방울새는 오리나무 열매를 먹고 사는데 오리나무가 없어져서 이 아이들 다 어쩌면 좋으냐고 가슴 치는 친구를 위해 내가 할 수 있는 일이 아무 것도 없었다. 차라리 내가 오리나무가 되어 그 숲에 서고 싶은 심정이었다. 사실 지구라는 이 별이 사람들만 사는 곳도 아니고 사람들만의 것도 아닌데 왜 사람들은 이토록 이기적인 것일까? 정말 간절히 바라건대 모두가 함께 행복하게 살 수 있는 지구가 되면 좋겠다.

본명 곽미영. 1963년 대구 출생. 2010년《시선》신인상으로 등단. 시집 『풍금이 있는 풍경』, 시화집 『오월의 바람』 출간. 고령문학상, 경북문인 시낭송올림피아드 은상

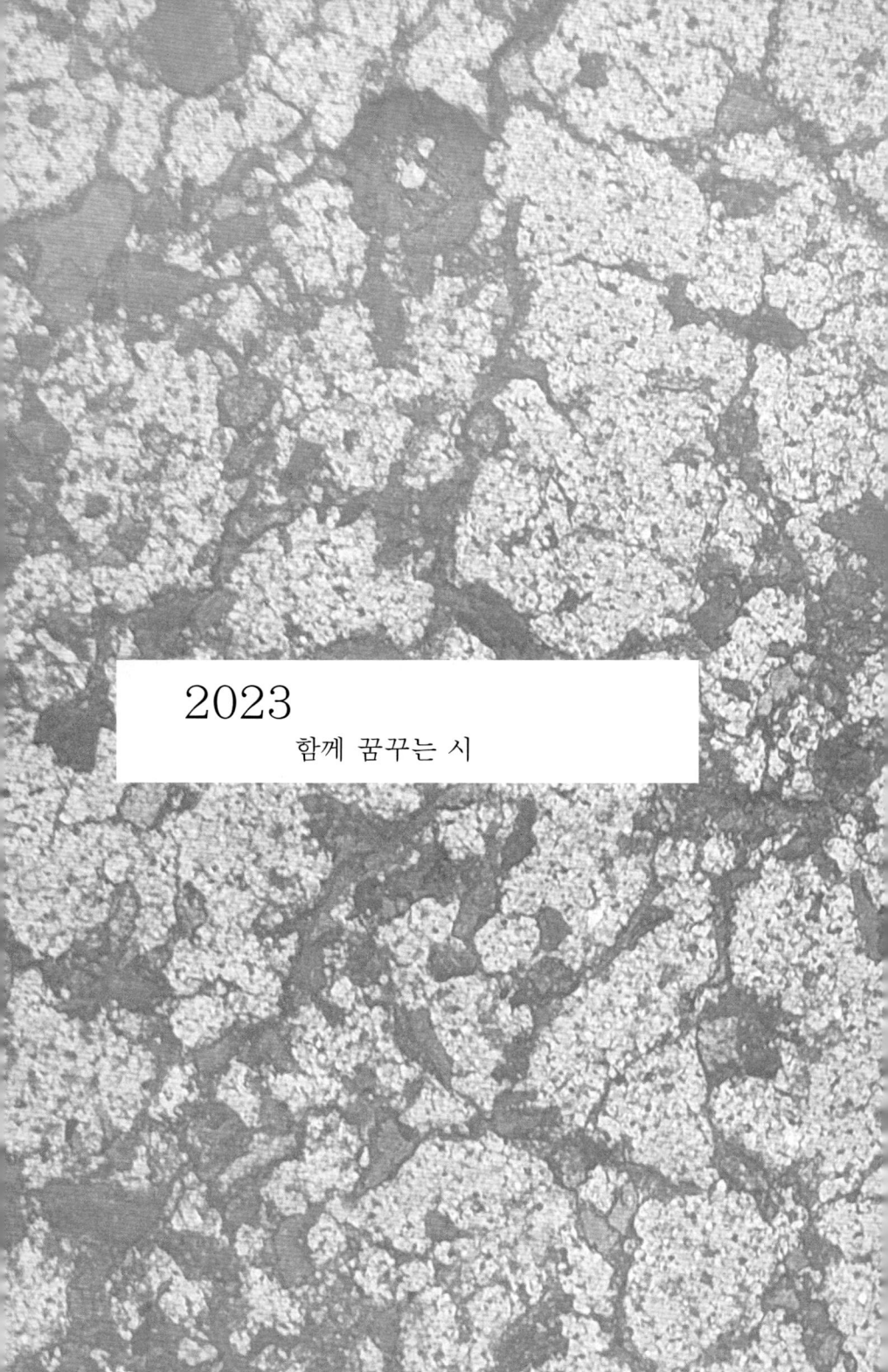

2023

함께 꿈꾸는 시

1월_	장옥관	손남주	박경한	김은영	백미혜
2월_	박봉희	성명희	김환식	김남이	
3월_	이해숙	공영구	하청호	윤일현	
4월_	고희림	강해림	강지희	박은주	
5월_	김욱진	채화련	변준석	김두한	강문숙
6월_	배정향	김기연	권정숙	김상연	
7월_	박상옥	김동원	박유진	김명희	
8월_	김연대	김창제	문수영	윤은희	이무열
9월_	박상봉	이해리	김숙자	김분옥	
10월_	은종일	노태맹	노현수	류호숙	
11월_	윤희수	이동백	이은재	박경조	박용연
12월_	이유환	장혜랑	박숙이	이자규	

1987

 영화 〈1987〉을 보고 나오는데 날이 저물었다. 아내는 두 눈이 퉁퉁 부어있었다. 그해, 1977년. 나만 빼고 일망타진되었다. 아내 때문이었다. 채널이 끊어졌다. 변명 없는 삶이 어디 있으랴. 그해, 1987년. 둘째가 태어났다. 최루탄이 펑펑 터지고 주식시장을 넘보고 아파트 평수를 넓혀갔다. 한 방향의 채널, 공중에 따로 코드가 꽂혀 있었다. 그해, 1997년. IMF가 터지고 뇌경색이 찾아왔다. 입 없는 하루살이가 하루하루 날아다녔다. 온통 잡음 많은 채널로 살았다. 그해, 2007년. 대통령 후보 경쟁에 밀린 독재자의 딸 때문에 처형과 얼굴을 붉혔다. 한겨레 구독을 끊었다. 그해, 2017년. 촛불로 들여다본 블랙리스트에 내 이름이 없었다. 지워진 사람이 되었다. 내가 지워진 게 내일인지 어제인지 알 수 없었다. 곽상도를 뽑은 이웃들에게 들키지 않은 채널로 살았다. 팔월에도 폭설이 내리는 이곳. 정치적 도시, 여기는 대구다.

| 장옥관 | 1월 첫째 주 |

시작 노트

21세기 대한민국 수도 한복판에서 158명의 청춘이 압사당해 세상을 떠났는데 이 순간까지 아무도 책임지는 사람이 없다. 참척의 슬픔을 당한 유가족들을 위로하지는 못할망정 연락처조차 알려주지 않는다. 어떤 사람은 유가족들이 모이면 정치적으로 이용당하고, 국가 예산을 한 푼이라도 더 타내려고 획책할 게 뻔하니까 그런 거라고 편든다. 이 일을 비판하는 나를 순진한 사람이라며 딱한 눈빛을 보낸다. "팔월에도 폭설이 내리는 이곳. 정치적 도시, 여기는 대구다." 최소한의 이성이 있다면 제대로 파악하자. 이 문제는 정치가 아니라 '인본'이다. 제발 당신이 진정 시인이라면.

1987년 《세계의문학》으로 등단. 시집 『달과 뱀과 짧은 이야기』, 『그 겨울 나는 북벽에서 살았다』 등 출간. 김달진문학상, 일연문학상, 아르코 올해의 시, 노작문학상 등.

도라지꽃

관광버스로 준령을 넘을 때,
맞은 편 언덕
외딴집 앞에서

말없이 흔드는 소녀의 손이
오래도록 바람에 일렁이고 있었다.

손 남 주   1월 둘째 주

시작 노트

 관광버스로 준령을 넘으며, 맞은편 언덕 외딴집 앞에서 소녀가 흔드는 손이 마치 도라지꽃이 바람에 흔들리고 있는 것같이 느껴졌다. 그의 주위에 감도는 아련한 그리움과 외로움의 영상은 지울 수가 없었고, 소녀의 가녀린 모습은 보는 사람의 가슴을 아릿하게 했다.

 산속에서 외롭게 살아가는 소녀를 연민 어린 눈으로 바라보는 관광객이나, 밝고 깨끗한 심성을 지녔을 소녀의 마음은 결국, 맑고 파랗게 갠 가을하늘의, 저 드높은 자리에서 서로가 만나게 되는 것이 아닐까하는 생각이 새삼스레 지금 와서 들기도 한다.

 너와 내가 기다리는 세상이 끝내 손과 손을 맞잡고, 눈과 눈을 맞추고, 가슴과 가슴을 맞대며 따뜻하게 살아갔으면 참 좋겠다.

경북 예천 출생(1934~2024). 1999년 《해동문학》으로 등단. 시집 『억새꽃 필 때까지』, 『날개, 파란 금을 긋다』, 『민들레 꽃씨가 날아가는 곳』, 『문득,』 출간.

받침

밤새 자란 수염을 깎는데
입술 언저리에 면도날이 닿지 않는다
입 속 혀가 입 언저리 오목한 부분을
볼록하게 받쳐주어서 면도를 마친다

꽃받침이 꽃을 앉히는 것처럼
책받침이 글씨를 앉히는 것처럼
혀는 말없이 자신의 소임을 다하고 있었다

입 속의 혀처럼 나의 앞길을 걱정하며
뒤에서 손전등을 비춰주는 사람이 있었다
뒤에서도 눈부신 사람이 있었다

나도 산밭에 심어둔 오이 지지대처럼
사소한 것들의 받침으로나 살다가
목숨을 다한다면 얼마나 싱겁고 좋을까

| 박 경 한 | 1월 셋째 주 |

시작 노트

「받침」을 쓴 후에 받침이 되어주는 것들에 대하여 생각한다. 모든 나무의 받침은 흙이고, 새들의 받침은 나뭇가지이다. 사람의 받침은 신발이고, 나를 등 뒤에서 받쳐준 사람은 엄마였다. 세상 모든 것에 받침이 존재했는데 그것을 못 보았을 뿐이다. 나를 위하여 마룻바닥에 무릎 꿇고 기도를 바치는 당신이 있었음을 뒤늦게 알아차린다.
 '받침'은 '바침'에서 온 말일 것이다. 그렇다면 나는 누군가에게 무엇을 간절하게 바친 적이 있는가.

경북 선산 출생. 1995년 《오늘의 문학》 신인상으로 등단. 시집 『살구꽃 편지』, 『목련탑』, 『풀물 들었네』 출간. 2021년 제1회 칠곡문학상 수상. 2022년 대구문화재단 개인 창작지원금 수혜.

공空

걸음과 시선이 자유로이 움직여
마음이 급한 데 갈 곳은 없고
스스로 몸을 던지는 마른
소리 따라 무작정 걷고 본다

오래된 숲은 현명하고 지혜로워 깊은 상념에 빠지게 하고
앳된 나무들은 수군거리며 숲을 험담하지만 푸릇하여 멋스럽다
납자 푸른 가사 소매 속에
공작새 한 마리처럼
길을 헤매기는 매한가지

어디쯤일까 나는
오늘 이 깊은 산 빠져 나가긴 글렀다

| 김은영 | 1월 넷째 주 |

시작 노트

나이가 들면서 집중하지 못한다. 한번 생긴 상념은 꼬리에 꼬리를 물고 늘어진다. 사람과의 관계도 거절하기가 힘들고, "아니다." 말하기가 힘들어 거의 웃음으로 대신하는 내가 맘에 안 든다. 잘 살아내기가 힘들다. 수많은 시행착오를 반복하는 나는 언제쯤 진짜 어른이 될 수 있을까? 올해까지 해보고 안 되면 대충 살 생각이다.

2000년《미래문학》신인상으로 등단. 시집『나비』출간. 서설시 동인

비눗방울

풀밭에는
비눗방울이 날았습니다

세상 모든 슬픔
오색 무지개로 흐르는 그 무게
나비처럼 가만히 따라가다가

내 한 생애
그 안에 아주 갇힌 것
몰랐습니다

| 백 미 혜 | 1월 다섯째 주 |

시작 노트

슬픔 대신에 점점 더, 기쁨만을 탐하는 내게 친구가 말했다.
진정한 시인은 아픈 곳을 먼저 응시하는 사람이라고.

1953년 대구 출생. 1982년 《심상》 신인상으로 등단. 시집 『토마토 씨앗을 심은 후부터』, 『에로스의 반지』, 『별의 집』 출간.

칼국수

재래시장 구석 바닥, 단골이다

목욕탕 의자가 의자이고 의자가 밥상이고
의자와 상은 옮겨놓는 곳이 상석이다

있든 없든 늙든 젊든 할 것 없다
다 벗어도 부끄럽지 않은 노천목욕탕 같다

메뉴는 한 가지, 한 가지도 많다

응어리 풀듯 반죽을 밀고
뿌리 내리듯 각각의 가락을 뽑아 하모니를 맞추는 국수다발
큰 솥에 대량으로 넣고 퍼내고 넣고 퍼내고
일손과 국수다발, 손발이 척척 맞다

한결같은 세월이 리드미컬하게 목구멍으로 넘어간다
칼칼한 바닥에 뜨겁게 내린 뿌리
그 실낱같은 희망을 품은 내 속이 든든하다

그곳에 가면 햇살 든 담벼락에 쪼그리고 앉아 조는 꿀잠이 있다
어제도 없고 내일도 없는 순간의 완성된 한칼이 있다

박봉희　2월 첫째 주

시작 노트

　시장-보기를 시장-되기로 바꾼다. 마음을 바꾸자 시장과 나 자신이 동일시된다. 함께 삶의 현장에 동참한다. 피의 질서에 따르면 살아가는 모습이 아름답게 다가온다. 사람-되기에 가까워지는지 가슴이 따뜻해진다.

2013년 《시에》로 등단. 시집 『복숭아꽃에도 복숭아꽃이 보이고』, 테마 시선 『따뜻한 이불을 덮고 주무세요』 출간.

보여주고 싶은 일기

때마다 불러보는 소리
엄마, 엄마
어머니,
어무이, 어무이
곁에 딸을 두고
오지 않는 아들을
무작정 기다리는
우리 엄니

딸년이 백(100)을 하여도
어디로 스며드는지
엄니께 고이는 것은 없다

명절에도 보이지 않는 엄니의 아드님
어디서 솟아나는지
차고 넘치는 화수분
아들에 대한 모정

딸년은 발바닥에서 태어나서
심장 옆에 있고
아들은 심장에서 탄생하여
엄니의 잃어버린 신발로 바깥에 있다

| 성 명 희 | 2월 둘째 주 |

엄니 귀천 후 나타난 아들은
효자 노릇한다고
조의금부터 헤리는데
귀천 모정은 알고 싶지 않은 듯
그래도 그래도
모를 것이다

시작 노트

  남매를 둔 엄마가 되어 환갑이 지났다. 딸과 아들을 보란 듯이 차별하는 어머니를 하늘로 보내고 나서 이해가 되는 듯 안 되는 모정과 아들, 우울한 시대의 부스러기로 남아있음을 이야기한다.

1993년 《대구문학》으로 등단. 〈서설시〉 동인 회장.

뻐꾹뻐꾹

햇살이 문지방에 앉았는데

뻐꾸기란 놈이 쓸데없이
뻐꾹거리고 있다

오지랖이 적막하다는 것인지
첫사랑이 그립다는 것인지

어중간할 뿐이다

덩달아, 나도 울어보고 싶어
속으로
가마가만 꾸룩거려 본다

뻐꾹뻐꾹

김 환 식　　2월 셋째 주

시작 노트

　시는 생각이 스케치하는 비구상화다. 눈으로는 읽고 마음으로는 아득한 풍광들을 추상하는 것이다. 요즘처럼 일상이 팍팍할 때는 사는 게 적막하기 마련이다. 생각 속에 감금시켜 둔 이야기들이 아슴아슴 족쇄를 푸는 것은 어쩔 수 없는 일이다. 철을 잊은 뻐꾸기 울음소리에 철렁 가슴이 무너지는 것도 어쩜, 당연할 것이다. 불현듯 윤곽도 희미해진 첫사랑이 궁금해지면, 나도 덩달아 뻐꾸기 신세가 된 것 같아 가만가만 속으로 꾸룩거려야 한다. 주책없는 일임을 안다. 하지만, 문지방에 앉았던 햇살도 붙잡히지 않으려고 달아날 것이다. 그땐, 나도 내 그림자를 데리고 한생의 뒤안길을 돌아봐야 하겠지. 곧, 봄은 오고 말 것이다. 그렇게 입춘이 오고, 뻐꾸기 울음소리도 흔해지고 나면, 가슴에 담았던 쭈뼛쭈뼛한 사연들은 더 그리워질 것이고, 시인이라 호명 받은 사람들은 더 분주하게 홀로 아리랑을 불러야 할 것이다.

1958년 경북 영천 출생. 2005년 《시와반시》로 등단. 시집 『낙인』, 『물결무늬』, 『생각이 어둑어둑해질 때까지』 등 9권 출간. 문학청춘 작품상 수상.

이상 기후

끝난 겨울인 줄 알았는데
눈이 내리다니

우둘투둘 얼음처럼 잠긴 내게
당신이 꽃으로 오시다니

땅은 얼른 눈을 안아 녹이고

나는 머뭇머뭇 당신 따라 깨어나고

| 김남이 | 2월 넷째 주 |

시작 노트

　일상에서 이상 기후를 느낄 때마다 우리는 잠깐씩 멈칫한다. 탄소 배출을 줄여야 한다는 목소리 때문이기도 하지만, 기이한 자연에 대한 감성이 먼저 작동할 때도 있다.
　눈은 겨울에 내려야 하고, 얼음이 한창이면 꽃은 아직 멀리 있는데, 그것이 자연스러운 일인데, 뜻밖의 날씨는 예측하지 못한 인연의 느낌이다. 4월에 내리는 눈처럼, 언 가지 곁에 피는 꽃처럼 전혀 예상치 못했지만 어떤 연유로 닿는 사람들.
　그러나 너무 잦은 이상 기후는 두렵다. 크나큰 혼란과 재해를 품고 있을 것이므로.

2011년 《농민신문》 신춘문예로 등단. 시집 『상처는 별의 이마로 가려야지』 출간.

이 봄날

기다림이 입은 옷 푸른 파도 한 자락과
날이면 날마다 별이 솟는
꿈만 같은 이 봄빛 안에 왔는가

시간의 자로도 잴 수 없는
그리움과 기다림이 헤집고
솟아오른 희푸른 물기둥처럼 있다

덧없이 사라지는 사물 중에
가장 덧없는 우리가 한 벌뿐인
이 단벌옷을 영원이듯 걸치고 어디로 가나

어느 곳에 가더라도
존재의 혈관으로 가득 채우는 본연
내가 흐르는 낙동강 봄물에 품어가지 못하랴

물밀듯 다가오는 이 봄날
한 줌의 재도 없이 그립다
아파 아파오는 간망의 낮별이 있다

이 해 숙　3월 첫째 주

시작 노트

새벽 산봉우리 아직 남아 있는 흰 눈 거긴 공손히 남겨진 여백이다.
고향의 봄빛은 눈구덩이를 열고 겨울의 나목에게
다시 잉크를 채워 넣고서야 힘줄이 돋으라고 쓰는 편지.
봄빛 번지는 창문은 온 가슴으로 껴안아 걸어온 흔적을 쓴다.

대구 달성 출생. 2017년 《심상》 등단. 경맥문학 해외문학상 수상(2019), 국제펜 100주년기념 대구펜문학상(2021), 국제펜문학(2022) 작가상 수상.

형광등

먼지 뒤집어쓴 오래된 형광등
또 껌뻑인다, 늙은 엄마는
태야, 천아, 환아, 구야
또 아이들 이름 연달아 부르는 거다

길쭉한 전구를 갈아 끼운다
아! 벽의 사진틀 속
젊은 엄마의 모습이 환하게 밝혀진다

| 공 영 구 | 3월 둘째 주 |

시작 노트

형광등이 또 껌뻑거린다. 짜증이 나지만 편의점으로 가서 사다 끼웠다.
아 밝은 세상! 이렇게 환하고 개운할 줄이야.
동네에서 제일 총기 있는 어머니가 언제부터인가 자꾸 깜박깜박하신다.
아마 생각과 말이 제대로 일치하지 않는 모양이다.
막내를 부를 때도 형제들 이름을 다 부른다.
애들 이름이 깜박깜박하여 생각이 잘 안 나는 모양이다.
고향집 벽에 걸렸던 젊은 엄마의 환하게 웃는 사진을 떼어 왔다.
앨범에 넣어 놓고 힘들 때마다 본다.
요즘 내가 가끔 그런 경험을 하곤 한다.

경북 영천 출생. 1996년 《심상》 신인상으로 등단. 시집 『누치떼를 보다』 외 5권, 칼럼집 『말부자의 완행열차』, 문집 『방앗간집 아이들』 상·중·하권 출간. 대구문인협회 회장 역임. 한국예총문화상, 대구시문화상 수상.

설중매

설렘으로 오는 눈은
애틋한 부름의 손짓입니다
혹한에 맞선 붉은 뺨
차마 덮을 수 없습니다

차라리 하얀 눈꽃으로
꽃가지에 슬쩍 내려
없는 듯 뒤에 서 있겠습니다

그대는 눈꽃 앞에서
붉디붉은 모습으로
그냥 아름다우시면 됩니다

| 하 청 호 | 3월 셋째 주 |

시작 노트

　입춘이 지났지만, 오늘 저녁에는 흩날리는 눈바람이 더욱 매섭다. 방한모를 쓰고 집 뒤에 있는 산밭으로 올라갔다. 수년 전, 밭 한쪽에 냇가의 돌로 경계를 만들고 토종나무 몇 그루를 심었다. 매화, 산목련, 때죽, 팥배, 아그배나무 등이다. 제법 자란 나무는 아직 긴 겨울잠을 자고 있다. 그런데 눈발 속에 매화꽃이 언뜻 내비쳤다. 가까이 다가가보니 흰 눈을 꽃가지에 얹은 채, 한지 창에 얼비치는 불빛 같은 꽃이었다. 설중매였다.
　매화꽃은 매년 보았지만 눈 속에 핀 것은 오늘 처음 보았다. 눈바람에도 아랑곳하지 않는 해맑은 꽃을 보니 형언할 수 없는 깊은 울림이 왔다. 특히 이 매화나무는 지인이 선물한 귀한 나무이다. 오랜 공직생활을 마친 후, 팔공산 서북자락에 소박한 집을 짓고 사는 내게 집들이 기념으로 심어준 나무이다.
　이제 수년의 세월이 지나니 검은 줄기가 제법 옆으로 틀어져 운치가 있다. 뿌연 하늘에서 내리는 세설細雪이 천천히 매화꽃 가지 사이로 날아든다. 흰 눈과 붉은 매화꽃이 어우러져 말할 수 없는 아름다움을 자아낸다. 그래서 선인先人들은 차가운 달빛이 비치는 눈 속에 처연히 피어있는 매화꽃에 찬사와 사랑을 보냈는가 보다. 봄을 품은 겨울의 길목에서 매화나무가 내 곁에 있어 얼마나 한갓진 기쁨이랴.

1943년 경북 영천 출생. 1972년 《매일신문》, 《동아일보》 동시 당선, 1976년 《현대시학》 시 추천. 시집 『다비(茶毘) 노을』 외, 동시집 『잡초 뽑기』, 『무릎학교』, 『말을 헹구다』 외 출간. 세종아동문학상, 대한민국문학상, 윤석중문학상, 대한민국예술문화대상 수상.

모난 돌

모난 돌이라 욕하지 마라

둥근 네가
온 세상 굴러다니며
세상 잡것들과 몸 섞으며
온갖 저지레를 다하는 동안

모가 나서
어느 쪽으로도 구를 수 없는 나는
해와 달, 저 철새들이 길을 잃지 않도록
여기 이 강 언덕에 붙박이로 살았노라

때론 모난 돌이
떠돌이들의 이정표임을 잊지 마라

| 윤 일 현 | 3월 넷째 주 |

시작 노트

시인은 시대와 화합하기 어려운 존재다. 격동의 세월을 때론 치열하게 때론 비굴하게 살았다. 육체의 한계까지 일하는 자학적 하등동물로 살았던 때도 있다. 강은 내게 궁극적 안식처였다. 서산에 걸린 노을, 긴 방죽, 모래사장, 미루나무는 내 쓸쓸하고 가난한 영혼의 안식처였다. 내가 닮고 싶은 사람은 초능력을 지닌 슈퍼맨이 아니고, 극한의 상황에서도 인간이 지켜야 할 가치를 보존하는 인물이다. 탈진실의 시대다. 모난 돌에 더욱 애착을 느낀다. 돌아보니 모든 것이 아득하다.

1956년 대구 출생. 1994년 《사람의 문학》과 시집 『낙동강』으로 등단. 시집 『꽃처럼 나비처럼』, 『낙동강이고 세월이고 나입니다』 출간. 낙동강문학상 수상.

서시

머리를 조금씩 돌려 회전목마가 될 것
생각을 꺼내 정수리 위에 올라탈 것
생각과 머리가 어우러지고 맞물리는
그 지점을 살펴볼 것
그리고 조용히 빠져나올 것

생각에 낚인 나를
저만치 두고
사모하여 안타깝게
바라보는
어떤 도착에 이르면

하늘이 열릴 듯
다시 닫히다
그리고 막막해지는
커다란 슬픔이라

애초에 준비도 없이
길을 잘못 들어 허우적대며
오늘은 실패했지만
내일을 기약하며
그렇게 조금씩 전진했다는 것에 대하여

| 고 희 림 | 4월 첫째 주 |

시작 노트

   그러니 나는, 나의 일생은, 나의 꿈을 조직하고 조직하는데 바친다. 혼자만이 꾸고, 혼자 밖에 꿀 수 없는 것을 정녕 꿈이라고 할 순 없지 않는가.
   위안이거나 분풀이거나 원죄이거나 달빛과 파도소리로 전전하던 월경이거나 증명할 길 없는 피의 역류이거나 인간의 그것도, 짐승의 그것도 아닌 채 허위허위 위 도는 애초에 새로운 種인 것처럼.

1960년 원주 출생. 시집『평화의 속도』,『인간의 문제』,『가창골 학살』,『대가리』출간. 노동사회과학연구소 편집위원.

유리

그녀는 자폐증을 앓는 계절, 분열하고 싶지

그녀는 물의 뼈, 투명한 등뼈를 타고 흐르는 무의식이 빤히 보이지

그녀는 고요의 비명, 낚아채간 햇살들로 고요히 끓어올라 내게 파고들지

그녀는 슬픈 마그마, 공포와 불안으로 흘러넘쳐 얼룩지고 싶지

그녀는 빛의 장례, 빛을 잉태하는 순간 무덤 속으로 사라지지

그녀는 세상의 모든 은유, 세상의 모든 맑고 투명한 독을 마셨지

그녀는 스팸 메일, 한밤중에도 균열의 문장으로 내게 메시지를 보내오지

그녀는 첫서리, 오래 전 죽은 관능으로 내 목덜미를 와락 끌어안지

그녀는 하얀 악마, 단 한 번 키스에도 쓰윽 베이지

쨍그랑! 깨지지

| 강 해 림 | 4월 둘째 주 |

시작 노트

이 시는 산문시를 즐겨 써온 내게 터닝 포인트가 된 시다. 행과 행, 연과 연을 건너뛰면서 상상의 몽리 면적이 넓어지고 확장되는 경험을 하면서 또 다른 시 쓰기의 즐거움이 찾아왔다.

깊은 밤,
언어의 매트릭스가 "쨍그랑" 깨지는 순간의 축제를 꿈꾸며 당신께 메시지를 보냈던 것인데……

1991년 《민족과 문학》, 《현대시》로 등단. 시집 『구름 사원』, 『환한 폐가』, 『그냥 한번 불러보는』, 『슬픈 연대』 출간. 한국문화예술위원회 우수도서 선정. 대구문학상 수상. 2019년 아르코 문학 창작기금 수혜, 2021년 한국문화예술위원회 문학 나눔 도서 선정.

지프니 타다

낭만적인 은색 지프니
동그란 소년의 눈망울 매달고 달리는 막다른 골목
맨발의 아이들 손을 흔드네

집들은 낡은 영화 세트장처럼 허름해서
반나절 공중을 선회하는 바다새 대신
뚫린 창으로 너를 기다리는 눈먼 내가 스치네

황혼에 널어놓은 빨래는 조용해서
초대받은 손님처럼 바깥 구름은 느긋해질 수 없다며
기댈 어깨를 내어주네

서 있는 것이 모두 정류장이 되는
저물어가는 톤도*의 땅에서 시계를 버리고
가방을 버리고 속눈썹을 버리고
단맛에 길들여진 혀를 버리네

흔들리는 야생에게 탈탈 털어낸 희망마저 돌려주고
지프니 심지의 촉 점화를 위해
부르릉 나에게 시동을 거네

*필리핀 빈민가

| 강 지 희 | 4월 셋째 주 |

시작 노트

　서 있는 곳이 모두 정류장이 되는 필리핀 빈민가 톤도에서 나는 보았습니다. 집집마다 널어놓은 빨래의 남루함을, 뚫린 창마다 눈먼 권태로움을. 맨발로 걷던 한 아이가 아무렇게 버려진 유리 조각 밟고도 환히 웃는 눈웃음을 아무도 들여다보지 않을 것만 같은 이국적인 풍경이었습니다.
　은색 지프니 타려는 사람들로 분주한 남의 나라에서 나는 초대 받지 못한 사람처럼 우두커니 서서 지루하기 짝이 없다고 생각했던 지난 시간을 떠올렸습니다.
　잠시 머문 톤도에서 또 다른 나에게 부르릉 시동을 걸어야겠다고 욕망에 가득 찬 손목시계와 가방, 가식으로 얼룩진 속눈썹을 버리기로 했습니다. 버려야 할 것이 이것들뿐일까요. 주섬주섬 뒤지다 야생에게 탈탈 털어낸 희망마저 돌려주고 단맛에 길들여진 혀마저 버리기로 했습니다.

2009년《문화일보》신춘문예로 등단. 시집『파랑을 입다』출간.

심상화

앞산에 운무 피고 마당에 나뭇가지 하랑이니
심중에 몹쓸 바람 이고 지네

누가 나랑 먼 산이나 보러 가소
운이나 띄우고 율이나 치러 가소

지저귀는 새소리 온통 별빛으로 뜨고
노루 토끼 푸른 솔이 술래를 서는 곳

하 다정한 그곳은 첩첩산중에 두메산골
입고 간 세상 허물 산꽃 향기가 덮어주는 마을

| 박 은 주 | 4월 넷째 주 |

시작 노트

아득한 저 산으로 도망갈 수 있을까?
꽃이나 따고 구름이나 불러 놀면 좋을 그곳
숨 막히는 도시는 버려두고
푸른 숲길을 걸어 저 산으로 갈 수 있을까?
눌러놓은 취사 버튼은 아직 빨간불인데…….

2012년 《사람의 문학》으로 등단. 시집 『귀하고 아득하고 깊은』, 『나는 누구의 바깥에 서 있는 걸까』 출간.

풍문으로 들었소

비슬산 참꽃 시화전
참꽃을 따 먹어 본 사람들은 다 왔더라
시는 뒷전이고 행간으로 막 터져 오르는 꽃숭어리
눈요기하듯 그림만 힐끗
참, 참꽃 그림 기막히게 잘 그렸더라
풍문으로 들었소
참꽃은 오가는 길을 막고, 기를 막고
그림처럼 기막히게 피려고 몸부림치더라
몸부림치더라,는 소문마저
소쩍이는 소쩍소쩍 울음으로 전하더라
그 울음, 고불고불 고개 넘을 적마다
하늘다람쥐는 땅 짚고 오도카니 서서
입맛만 쪽쪽 다시더라
그게 다시더라, 그림이더라
평생 방아 찧고 살아온 방아깨비도 고개를 끄덕끄덕
허기진 벌 나비는 참꽃 술에 목 축이더라
참꽃 전 부치는 포차 한 모퉁이서
딸꾹질하는 시인들 술잔에 푹 빠져
시는 그림의 떡이라고, 앵앵거리더라
봄바람 살몃 시 한 구절 애절히 읊고 가는 사이
기막힌 시들이 생기를 찾기 시작하더라

김 욱 진　　5월 첫째 주

참꽃에 가려진 시가 그림 만나 바람피웠다는 뒷얘기도
참새들이 쩩쩩 다 물어 나르더라

시작 노트

　비슬산 참꽃 시화전에 김욱진 시인의 참꽃 시 한 편 없어, 참 허전했다는 말
　풍문으로 들었소······.

경북 문경 출생. 2003년 《시문학》으로 등단. 시집 『비슬산 사계』, 『행복 채널』, 『참, 조용한 혁명』, 『수상한 시국』 출간. 2020년 아르코문학창작기금 수혜, 2022년 박종화문학상, 김명배문학상 작품상 수상. 한국문인협회 달성지부 회장 역임.

봄비

산수유 톡 터트린 봄날은 간다
상큼한 진달래 홍단장 두르자
기억 같은 라일락 향기
봄길은 달금하다

사각사각 단비가 한두 차례 나리면
뿌듯이 창을 열고서
꽃질 마음에
꽃비 스미듯
비에 젖으며

여린 결 상흔 흐트러진다

앙상한 홀씨만 남기고
후드득 꼬리 감추고 마는
설핏한 생의 여운

| 채 화 련 | 5월 둘째 주 |

시작 노트

빗속을 걷는 미학적 어둠은 허허롭다. 돌이켜보면 모든 게 봄날의 기억 같은데, 공으로 돌아가는 진리가 선연하니 덧없기만 하다. 여행에서 설핏 지나가는 풍경이 아쉬워 더 아름답게 느껴지듯이, 어느새 가늘고 긴 비에 감기며 봄꽃은 지고 있다. 어느 한 생애도 그리 지고 있으리라. 짧은 봄날의 기억을 안고서.

경북 청도 출생, 2015년 《현대시선》으로 등단. 시집 『날개로 지은 연서』 출간. 시동네문학상, 한국인터넷문학상 수상.

월천공덕越川功德

이 세상 여울길에
다리가 되었으면.
튼실한 돌멩이 몇 개 모여
이 마을에서 저 마을로
엿장수를 건네주는
징검다리가 되었으면.
그 신명나는 가위질 소리도
함께 건네주는
한 줄기 징검다리가 되었으면.
나도 이 한세상
그렇게 건너갔으면.

| 변 준 석 | 5월 셋째 주 |

시작 노트

   옛날에 월천꾼이라는 직업이 있었다고 한다. 사람을 업고 개울을 건네주던 일을 했다고 한다. 비록 돈 받고 한 일이지만, 남의 발에 물 묻히지 않도록 한 공덕이 결코 작지는 않을 것이다. 이 시는 경기도 양평에 있는 황순원 문학관에 들러 선생님 묘소에 소주 한 잔 올리고 돌아오는 길에 쓴 것이다. 중학교 국어 시간에 배운 '소나기'의 장면들을 아련히 떠올리면서 말이다. '이 바보!' 소리치며 던진 소녀의 그 하얀 조약돌이, 어른이 된 내 가슴 속에 여전히 남아 있어 이렇게 한 편의 시가 된 것이리라.

1991년 《문학세계》 신인상으로 등단. 시집 『이 세상 아름다운 꽃밭이 될까』, 『고양이별에게』 출간.

아침

나는 창을 닦고
새는 하늘을 닦는다.

창을 닦는 내 손수건에
창의 때가 묻어나면

하늘을 닦는 새의 날개에
하늘의 녹이 묻어난다.

| 김두한 | 5월 넷째 주 |

시작 노트

 이 시는 때 묻지 않은 영혼을 추구하는 마음을 형상화하고자 한 작품이다.
 1988년 5월 31일자 매일신문에 처음 발표할 당시에는 여기에 보인 시의 제2연과 제3연을 하나의 연으로 하였고, 이어서 두 연("손수건에 묻어나는 창의 때만큼/날개에 묻어나는 하늘의 녹만큼/닦아지는 내 마음의 창과 하늘, 새는//유리 구슬 속에 내리는/하얀 비를 본다.")을 덧붙였다. 그 후 1993년 8월 15일에 발간된 시집《슬플 때는 거미를 보자》에 그대로 실었다가 2003년 12월 25일 재판을 낼 때 끝 두 연을 떼어내고 여기서 보는 바와 같이 고쳐 실었다.
 그런데 2006년에 나온 정완영 선생의 작품집《노래는 아직 남아》에 "내가 입김을 불어 유리창을 닦아내면/새 한 마리 날아가며 하늘을 닦아낸다./내일은 목련꽃 찾아와 구름빛도 닦으리."라는, '초봄'이란 제목의 시조가 실려 있다고 한다. 흔히들 정완영 선생의 이 시조〈초봄〉은 필자의 시〈아침〉을 표절한 것이라 하나, 시〈아침〉이 차갑고 지적인 데 비해 시조〈초봄〉은 따뜻하고 정적이라는 점에서 대비되며, 필자에게 정완영 선생은 "시란 이렇게 써야 한다."며 시조〈초봄〉으로써 시〈아침〉을 첨삭 지도하신 것처럼 느껴진다.

1956년 경북 군위 출생, 1988년《현대시학》으로 등단. 시집『슬플 때는 거미를 보자』,『해를 낳는 둥지』,『아침』, 문학비평집『길은 달라도 산정은 하나다』, 논저『김춘수의 시 세계』등 출간. 한성기문학상, 한국문학비평가협회상, 박남수문학상 등 수상.

정오의 聖所

아픔 없는 인생 없다
상처 없는 삶이 없다, 나는
시의 입을 빌려 말했지

병도 나의 스승이었고
꽃은 저 나무의 상처라고
가만히 고개 숙여 나를 위로했지

가시의 나중이 장미였거나
처음부터 가시였던 장미이거나
참을 수 없이 가벼운
혹은, 참을 수 없이 무거운 목숨들

말할 수 없는 것을 말하려고 할 때
그 간절함으로 장미가 핀다는 걸
오래된 저 담장만이 알고 있지

가시를 껴안았더니 장미꽃이 피었구나
울고 있는데
가시관을 쓴 그의 이마에 흐르는 피
나를 들어올린다

| 강 문 숙 | 5월 다섯째 주 |

장미를 받아 적는 저 담장에
잠언처럼 가시가 박히는
붉은 정오의 聖所

시작 노트

 부르튼 입술로 무릎을 꺾으며 당신에게 용서를 비는 푸념, 참을 수 없이 가벼웠던 내 생을 몸 밖으로 밀어내며 상실을 노래하는 푸념.
 현재를 과거형의 발음으로 바꾸다가 불안한 미래를 상상하며 생의 이목구비를 더듬는 푸념, 푸념들 아무리 옮겨 적어도 꾸지람을 듣는…….

 무수한 푸념들이 모여 시간의 楔(결)을 만드는 것 일생이라 불러도 좋을 언어의 보푸라기들이 생의 소매 끝에 뭉쳐져 있을 나는 그것을 시라고 불러, 사소함에 기대는 말들 나의 그 애물단지들 앞에 무릎 꿇고 절하다가 나는 지극히 사소하게 죽음을 맞겠지, 그렇겠지.

1991년 《매일신문》 신춘문예, 1993년 《작가세계》 신인상으로 등단. 시집 『잠그는 것들의 방향은?』, 『탁자 위의 사막』, 『따뜻한 종이컵』, 『신비한 저녁이 오다』, 『나비, 참을 수 없이 무거운』 출간. 대구시인협회상, 대구문학상, 금복문화상 수상.

민들레

은사시나무 뿌리가
샘물을 향해 가는 소리

저 앉은뱅이
종일 호올로 앉아 듣고 있네.

그의 외로운 발은
끝내 그 소리들을 따라가지 못하네.

닿을 수 없는 저 머얼리
흙과 물과 뿌리들의 집
바라보는 앉은뱅이 눈썹이 타네.

앉은뱅이 가슴에 하얀 뿌리가 돋네.

| 배 정 향 | 6월 첫째 주 |

시작 노트

나는 시인이 아니다. 시인이고 싶다. 시인은 어떤 사람일까. 민들레일까, 일상을 쳇바퀴 도는 다람쥐일까. 창조하는 神일까 神을 태어나게 하는 사람들일까. 늘 생각하며 살아가고 있다.

1938년 대구 출생. 이화여대 약학과 졸업. 동켄터키주립대학 수학. 2003년 《문학예술》로 등단.

산이 色 풀고 있다

살 간지르는 바람에
여민 속옷 젖히며
산이 色 풀고 있다
온몸 구석구석 연초록 게워내어
밑그림 그리고
눈길 잦은 부위에
꽃분홍 방점 찍고 있는
아, 절정이다
저 여자

| 김 기 연 | 6월 둘째 주 |

시작 노트

침묵의 시간을 퉁기며
꽃 핀다
진다
식욕이 왕성한 사월의 초록은 폭군처럼 몰려오고
지극한 저 방점
관람하네
듣네

경북 의성 출생. 1993년 《한국시》 작품상으로 등단. 시집 『노을은 그리움으로 핀다』, 『소리에 젖다』, 『기차는 올까』, 『푸른발부비새』 출간. 제5회 대구의 작가상 수상.

시골은 내 고향

내 고향은 시골이다
어릴 때 뛰놀던 정든 고향이다
철모르고 들판을 뛰어다니면서
밀사리 콩사리 해먹던 정든 고향이다

봄이면 앞산에 가서 참꽃 따먹고
감꽃 피는 계절이면 감꽃 목걸이 만들어 걸고
토끼풀 꽃 피면 반지와 팔찌도 만들었지
여름이면 멱 감던 앞 냇가
거기에서 가재 잡고 송사리도 잡았지
아카시아 꽃 피면 돌에 구워 먹고
목화열매가 익기 전에 다래 따먹고
산에는 산딸기, 머루랑 다래가 지천이었고
수박 서리, 참외 서리, 콩 서리, 신나고 즐겁던 시절

지금은 찾아가도 아는 얼굴 하나 없이
낯선 바람만 휘몰아치는 썰렁한 고향
집과 길, 들판은 그대로이건만
정든 사람들은 사라지고 낯선 얼굴만이
누군가 하고 힐끗거리며 지나간다

정든 얼굴들 다 어디로 갔을까

| 권 정 숙 | 6월 셋째 주 |

살던 집과 들판 다 두고 어디로 갔을까
다시 보고 싶다 정겨운 얼굴들
돌아가고 싶다 그때 그 시절

시작 노트

나른한 봄날, 잠시 잠깐 오수를 즐겼는데,
눈 떠보니 하얀 눈이 펄펄 나리는, 겨울 속에 와 있네.

경북 영덕 출생. 2017년 《문장》 신인상으로 등단. 시집 『고요는 무채색』, 『산딸나무 꽃』 출간. 은시문학회 회원.

요즘도 참새들이

요즘도 참새들이 깃들어 살까
누구는 억새라 하고
누구는 토박이말로 샛대라 하는
그 풀대를 엮어 이엉을 얹은
초가지붕 저릅대 사이
사다리 타고 올라가 들여다보고 싶다
어스름이 어둑어둑 내리는 저녁
손전등 랜턴 하나 집어들고
그 옛날 꿈 많던
어린 시절 반추라도 하듯

| 김 상 연 | 6월 넷째 주 |

시작 노트

아직도 짚이나 샛대로 이엉을 올린 초가집이 어딘가에 남아 있을까. 사다리 타고 올라가 지붕 속을 들여다보고 싶다. 요즘도 참새들이 그 곳에 깃들어 살고 있는지. 그 옛날 꿈 많던 어린 시절처럼.

경북 경산 용성 출생. 1989년 《우리문학》으로 등단. 사화집 『배추흰나비의 시간』, 『적갈색 고요』, 『모델하우스가 있던 자리』 등 다수 출간. 〈물빛〉 동인.

한 송이 꽃은

한 송이 꽃은
조물주의 엄청난 창조 사업이다.

햇볕과
흙의 포용과
송알송알 이슬방울
별빛 달빛 숨소리
품속 파고드는 바람
땅 속 벌레들의 숨소리

한 송이 꽃은
우주의
온 힘 다한 숨결이다.

| 박 상 옥 | 7월 첫째 주 |

시작 노트

   시간이 갈수록 꽃을 들여다보는 시간이 많아진다. 한 송이 한 송이 들여다보면서 참 신기하다는 생각이다. 같은 모양새를 하고 있는 것을 찾을 수가 없다. 제각기 색깔과 모양새를 갖추고 있어 한 송이도 그냥 보아 넘길 수 없다. 사람들도 자기의 모습과 색깔을 가지고 숨을 쉬고 있다는 생각을 하면서 조물주의 창조 사업은 신비임을 새삼 느낀다.

1993년 《심상》으로 등단. 시집 『내 영혼의 경작지』, 『허전한 인사』, 『세월걸음』, 『아버지의 시간』 출간. 2017년 대구의 작가상 수상.

모란

스님 예?

눕는 게 좋아 예

서는 게 좋아 예

미친년!

스님 예?

물 관리는 어떻게 하여요

옮긴다!

어디로 예?

업業에서 심心으로 옮긴다

호 호 호, 훗 훗

나는 구름에서 꽃 살로

번지어요

김 동 원　　7월 둘째 주

시작 노트

시 「모란」은 여자로 은유된 모란 입을 빌어, 저잣거리의 야한 언롱言弄을 선승의 선문답으로 치고받은 이야기이다. 「모란」은 질문과 답, 그 자체가 시의 묘처이다. 나에게 선시란 시와 도의 경계이자, 칼날 위에 서 보는 작업이다. 절벽 끝에 매달려 어디에도 없는 선법을 드러내는 일이다. 알 듯 모를 듯, 보일 듯 안보일 듯 구전심수의 심법이 「모란」이다.

1962년 경북 영덕 출생. 1994년 《문학세계》로 등단. 2017년 《매일신문》 신춘문예에 동시 당선, 《문장21》에 평론 당선. 시집 『빠스각 빠스스각』 문학나눔 도서 선정(2023). 대구시인협회 부회장 역임. 『텃밭시인학교』 대표. 대구문학상, 고운 최치원문학상 수상(2018).

처음이야

눈이 내리면 나는 강가 들길을 따라
연어처럼 강을 오른다
눈이 강물에 잠겨들 때를 기다린 듯
어린 청둥오리 한 마리
자맥질로 건져 올린 눈송이 하나 입에 물고
하늘바라기할 때,
강가 그 자리 빈 의자엔
어느 별에서 하늘거리며
먼 길 찾아온 송이송이 눈송이들이
서로를 보듬고 소복소복 모여앉아 소곤거리고 있다
"지구별은 처음이야."

가슴엔 빈 의자 하나,
먼 길을 온 네게 속삭이고 있다
"이런 반짝임은 처음이야."

| 박 유 진 | 7월 셋째 주 |

시작 노트

   신기한 일이다. 땅과 하늘 우주의 어느 곳으로부터 무언가가 내게 온다는 일이…… 수십만 광년을 달려 별빛이 오고, 밤새 별빛으로 빚은 아침 햇살이 닿고, 보랏빛 제비꽃이 피어나고, 어느 산골 나무뿌리를 떠난 강물이 내게 오고, 눈이 내리며 강에 안긴다. 하물며 네가 내 가슴에 와서 반짝이는 일이라니! 세상에는 맞이하기 위한 빈자리가 마련되어 있는 법이어서 내 가슴엔 너를 위한 자리가 있는 것이다.

1990년 《국방일보》 문예공모 당선. 2005년 《한국문인》 시, 2007년 《문학세계》 수필 신인상. 시·산문집 『나무들의 숲』, 『숲의 기억』, 『존재감 산책』 출간.

숙성으로 가는 길

그 많은 돌들을 쓰다듬듯 돌아가는 물처럼
이슬은 안아도 바람은 품지 않는 바람처럼
돌뿌리도 가시도 흘려보낸다
우리는
신천이 새아침을 내어주듯
매일 새 하루 밥상을 받는다

| 김 명 희 | 7월 넷째 주 |

시작 노트

살아간다는 것은 참고 견디고 버티는 것. 짧은 기쁨이 긴 고통을 핥아준다. 새살 돋듯 개인다. 포도즙이 항아리 속에서 숙성하여 바람에 있는 모든 것을 위로 치켜 올리듯 산다는 것은 익어가는 것. 모두에게 깊은 맛의 삶이 되길.

김천 출생. 2006년《문예비전》신인상으로 등단. 시집 『오래된 거울』 출간.

찔레꽃 필 무렵

찔레꽃 피는 무렵이면
이 산 저 산 날아다니며
잃어버린 짝을 찾는 듯한
뻐꾸기 소리 유별나다
뻐꾹 뻐꾹 뻐꾹
이런 뻐꾸기 소리 가만히 듣고 있으면
육이오 때 결혼하자마자 군에 가서 죽은
집안 형들이 생각나고
그리고 평생 혼자 살다 죽은
이종 누님과 형수님들 생각이 따라 난다
원혼이 있다면 만 번은 그러고도 남을 것이다
산기슭 개울가 무더기로 피는 하얀 찔레꽃이
그들 순수 영혼인 것 같기도 해서
이때는 나도 잊었던 사람
만날 수 없는 사람 생각에 잠겨
찔레꽃도 뻐꾸기도 내 영혼이 된다

| 김 연 대 | 8월 첫째 주 |

시작 노트

 계절에 따라 피고 지는 꽃이나 우는 새소리 부는 바람이 시인의 영혼에 스며들면 그 울림이 문자의 힘을 빌려 한 편의 시로 탄생된다. 찔레꽃 필 무렵이면 뻐꾸기가 유별나게 뻐꾹 뻐꾹 간절한 목소리를 떨어뜨리며 이 산 저 산 날아다닌다. 이럴 때면 나는 피어나는 찔레꽃도 뻐꾸기도 내 잠자던 영혼을 흔들어 그냥 보고 그냥 들을 수가 없다. 그 빛깔, 그 음색에는 그립고 아프고 슬픈 것들이 숨어 있기 때문에,

경북 안동 출생. 1989년《예술세계》로 등단. 시집『나귀 일기』외 5권 출간. 아시아시인·작가협의회 시예술상, 녹야원문학상, 이상화시인상 수상.

쇠꽃 심장

고철을 들었던
손바닥에 꽃이 피었다

손금의 줄기 위로 한 송이
꽃

마냥 붉은

내 손에 들린
심장

뛴다

| 김 창 제 | 8월 둘째 주 |

시작 노트

   오늘도 쇠를 잘라 먹고 사는 사람
   무거움과 딱딱함, 쩽그랑거림으로 사는 사람
   손바닥에 핀 쇠꽃을 바라보면서 왜 이 꽃이 예쁘고 붉을 수밖에 없는가
   꽃이 돈이 되고 밥이 되고 시가 되니까
   눈물과 땀 속에서만 피는 꽃, 고마운 꽃
   그 뒤에 숨은 말들을 되새기면서 사는 고집이 어쩔 수 없이 운명이 되고 그 사물과의 말 걸기 작업이 직업이 되었다.

경남 거창 출생. 1993년 《죽순》 등단, 《자유문학》, 《대구문학》 신인상. 시집 『지는 꽃에게 말 걸지 마라』 외 5권 출간. 대구펜문학상 수상. 죽순문학회 회장.

수목원 일기·3

일상의 외투 벗고
초록 속으로 들어간다
기다림만 아는 나무 최선 다해 꽃 핀다
향기가 짙게 번져 나와 미세먼지 씻어주고

오순도순 모여서
뽐내듯 만든 마을
죽림원 활엽수원 약초원 유실수원……
생각을 넓게 펼치라며 그늘을 마련한다

중앙 분수대 사이
반세기가 어른거린다
꽃대보다 여린 병아리들 소풍 나왔고
저편엔 백발노인들 세월을 더듬는다

| 문 수 영 | 8월 셋째 주 |

시작 노트

    삶이 팍팍할 때 수목원을 찾는다. 언제나 숨을 돌릴 수 있는 힐링 장소이다. 단풍이 들기도 하고 퇴색하기도 하고 앙상하게 잎새를 떨군 겨울에도 아름다운 나무들. 유치원 병아리들과 백발노인들이 함께 자연의 아름다움을 만끽하는 곳, 힘차게 솟구치는 분수를 보며 희망을 꿈꾸며 노래한다.

본명 문명인. 경북 김천 출생. 2003년 《시를 사랑하는 사람들》로 등단. 시집 『화음』, 『물로 눕는 길』 외 출간.

My Bassoonist
—Mozart : Bassoon Concerto in B flat major K 191.

무대 위에서 울려 퍼지는 바순과 클라리넷의 부드럽고 풍부한 서주 序奏 똑똑한 새들은 의기양양하게 날고, 청년의 기량을 마음껏 뽐내는 레가토와 스타카토의 대비 유머러스하게 들려요 봄의 노래는 어디에 라일락 꽃밭에

바순 연주는 익살스러운 소리를, 다른 악기의 음색과 잘 어울리니 감사한 일 학생들 속에서 오케스트라의 광대라고 불리니 놀라겠네 단풍, 장미나무, 무화과나무로 만들어진 악기 바순 오보에와 호른의 리듬으로 서정을 선사하네 수선화의 계절이 지났다 이제 여름이다

클라리넷과 바이올린의 유려한 선율이 평온하게 흐르네 흰색과 노란색과 분홍색 장미 저마다 빛깔이고 저마다 꽃이다 그들 사이에 다툼은 없다 제자들이 나무와 바람처럼 귀를 활짝 펴고 듣고 있다니 행복한 일이네

| 윤은희 | 8월 넷째 주 |

시작 노트

   교수님은 계명대학교 라일락 정원을 사랑하셨다고 들었다.
   계명대학교 영어영문학과 김종환 교수님의 정년퇴임과 셰익스피어 전공 제자들의 『정년퇴임 기념집』 발간을 축하하기 위한 모임이 2월에 있었다. 교수님은 제자들에게 『오레스테스』(에우리피데스 지음, 김종환 옮김) 소중한 책을 선물해 주셨다.
   자연과 인간, 움직이는 예술의 진귀한 비밀을 일깨워주신 교수님,
   부자는 보물을 시간마다 살피지 아니하나니

   시인의 철학은 언어철학이다. 시인에게서 글읽기와 글쓰기는 동일한 등가를 가진 가치 있는 일이다. 셰익스피어 작품과 비평집을 곁에 두고 자주 읽는 습관이 있다. 글쓰기의 능력을 배양하는 일은 언제나 즐거운 일이다.

2009년 《무등일보》 신춘문예, 2011년 《시와세계》로 등단. 시집 『아르정탱 엿보다』, 합동시집 『젊은시』 출간.

'사이'라는 말
—K에게

가령, 너와 나 사이의 연분도
연분홍 봄길 혹은 밀물 드는 가을 강가에서
기우뚱 저물거나
온 발목 무장 젖어 흘러간 세월 같다
그리워라 애니로리
머나먼 스와니강 출렁거려
노랫말이 생각나지 않는다
금물결 은물결 반짝이다가 또 먹먹하다가
안팎의 경계엔 하 많은 뭇별들
두루 총총 오히려 적막하다 해도
옛날 거닐던 강가에 이슬 젖은 풀잎
아리 아라리로 엮는,
산다는 일의 곡절
그 가쁜 숨결

| 이 무 열 | 8월 다섯째 주 |

시작 노트

　그제는 상가에 들러 조문하고, 어제는 창녕 남지에서 보내온 어리연을 돌확에 심고, 오늘 점심은 비빔국수를 먹었다. 내일은 해설 봉사를 하러 가고, 모레는 월말 마감을 걱정할 것이고, 글피에는 가산산성 어름에 사는 옛 친구와 모처럼 술자리를 가질 것이다.
　사는 게 그렇다. 일상의 나날 중 하루 빼꼼하고 무심한 날이 있던가. 그나 나나 잠잠 이제는 그 누구라도 어디에서 무슨 일을 하든 잘 살았으면 참 좋겠다.

1997년 《매일신문》 신춘문예 동화 당선. 2010년 《유심》 시 부문 신인 추천. 시집 『묵국수를 먹다』(2019 한국문화예술위원회 우수 도서) 출간. 대구문화관광 해설사.

나무가 물끄러미 서 있는 까닭

쉽게 답할 수 있는 것이 아니므로
더러 답답한 시를 쓸 때도 있더라

식음을 물린 지 여러 날,
시의 보약으로 허기 달래며
으아어어 말을 잊어가는 벙어리가 되어
사흘 낮밤 시름 앓다가

풀리지 않는 말 가슴에 묻어두고
어느 저녁 습한 방 안에서 기어나와
본 적도 없는 낯선 사람과 바람 부는 거리에서 얼싸안고
생의 어두운 이력을 말해주고 싶다

의문의 접시 머리맡에 올려놓고 지새워 온
불면의 밤 견디고 나면
시의 빗방울로 세상 젖게 할 수 있을까

는개 흩뿌리는 벌판에 나무가 물끄러미 서 있는 까닭을 나뭇잎은 알고 있다

시는 그런 것까지 대놓고 알려주지는 않는다

| 박 상 봉 | 9월 첫째 주 |

시작 노트

　발바닥에 창이 생겼다. 너무 오래 멀리 걷다 보니 발바닥에 사마귀가 들어앉은 걸 몰랐다. 창을 열 수 없어 내피皮內에 쐐기꼴 문자를 새겼다. 아무도 읽지 않을 시를 자갈밭에 맨발로 쓰고 있다. 썰물이 들고 밀물이 쓸고 가면 흔적 없이 사라지고 말 행간의 수사에 몰두하는 동안 어쩜 좋아? 굳은살에 애벌레가 슬었어. 뭉툭한 발이 뾰족한 나비가 되어 날아가려나 봐.

1958년 경북 청도 출생. 1981년도 동인지 《국시》로 등단. 시집 『카페 물땡땡』, 『불탄 나무의 속삭임』 출간.

꽃

오늘 이 향기로운 평안이
어제 그 폭풍우의 댓가라면
죽을 만큼 괴로웠던 어제를
꽃이라 불러도 좋으리

| 이 해 리 | 9월 둘째 주 |

시작 노트

 언제부턴가 詩에 긴 말은 필요 없다는 생각이 들었다. 그동안 너무 사변적인 글을 썼던 반성인지 모른다. 집으로 배달 오는 시집을 읽을 때도 사족이 많으면 거슬린다. 사족들을 제거하며 읽다 보면 어제의 내가 보이고 어떤 깨우침이 온다. 그런 것이다. 역시 자코메티의 시학이 좋다.

경북 칠곡 출생. 1998년《사람의 문학》으로 활동 시작. 시집 『철새는 그리움의 힘으로 날아간다』, 『감잎에 쓰다』, 『미니멀라이프』, 『수성못』 출간. 평사리문학대상, 대구문학상 수상.

바람집

 만추에 피는 꽃 속에는 바람집이 있습니다 만추의 어느 날 꽃에 귀를 대보면 양지바른 툇마루에 앉은 바람계집이 톡 분첩 닫는 소리 들릴 겁니다 후우 불면 날아갈 국화꽃에도 매화 향긋한 꽃술에도 태양 붉은 혀 간지러운 노란 은행잎에도 바람집은 깃들어, 만추의 어느 날 나는 피는 꽃 속의 그 집으로 우리 아버지가, 남편이, 세상에! 내 아들까지 들락날락하는 걸 봅니다 정말 화가 나죠 그러나 까르르 입 속에 꽈리 넣어 불듯 입술을 오므려 후우 불면 날아 갈 국화꽃에도 매화 향긋한 꽃술에도 태양 붉은 혀 간지러운 노란 은행잎에도 바람집은 깃들어 여기저기서 톡톡 바람계집 분첩 여닫는 소리에, 만추의 어느 날 꽃 옆에서 나는 분첩을 톡 소리 나게 닫아봅니다

| 김 숙 자 | 9월 셋째 주 |

시작 노트

뒤늦게 코로나로 앓고 있습니다. 이렇게 열이 끓고 몸이 아플 때면 환청처럼 바람 소리가 들려옵니다. 꿈속에서도 바늘 끝 찌르는 통증이 꽃 피고 지는 소리로 들려옵니다. 시詩 한 편 내게 깃들려나 봅니다.

경북 상주 출생. 2000년《현대시》로 등단. (주)우성금속 대표이사 역임. (사)작가콜로퀴엄 명예이사.

이쁘게 손 흔드네

사방에서 엿보네 집요하네

애틋 오묘 허망……
익숙한 블루(blue)는 내 전문
그러나 너는 절대 아니지

베란다 거실 꽃 만발해도
네가 막는 공기 저편의 많은 풍요로움
그립네 젖고 싶네 겨누고 싶네

염치없이 버티고 있는 너 너
가 빨리 가 꺼져 하면서도 나

당연 이쁜 척 이쁘게 손 흔드네

| 김 분 옥 | 9월 넷째 주 |

시작 노트

하늘 높고 푸르름 가득한데, 이 세월에 나는 어찌하나. 항상 blue인 나는 어쩌나. 그래그래, 블루 가득해도 속으로 새겨야지. 이쁜 척 해야지. 해서, 목줄 타고 기침으로 넘어온 시 한 수…….

아호 추명. 1994년 《문예한국》 신인상으로 등단. 〈반짇고리〉 동인.

아직도 오랑캐꽃

물 찬 제비 꽁지깃
꽃잎 날개로 일어섰다

방천둑 아래 오줌 누던
건넛집 순희 벌떡 일어서며
미처 끄집어 올리지 못한 민망의 안쪽이
보랏빛으로 촉촉할 때
내 헛기침 소리는
달려든 순희에게 뭇매를 맞았다

오랑캐새끼, 오랑캐새끼
꼬집히고 꼬집혀 퍼렇던 그날의 팔뚝에
누가
또
쳐들어온다

| 은 종 일 | 10월 첫째 주 |

시작 노트

 산책길에서 꽃잎 날개를 쳐든 제비꽃을 만나면서 초등학교 때의 보랏빛 기억과 마주한다. 하굣길에 방천둑 너머에 오줌 누던 순희에게 연적戀敵 개구쟁이 영구와 달려가 헛기침하면서 놀려댔다. 머리채를 드리운 오랑캐의 뒷머리를 닮아 오랑캐꽃으로 불린다는 선생님의 말씀을 따라 오랑캐꽃 한 줌 꺾어 든 순희 손에 나만 맞고 꼬집혀서 퍼렇게 멍들었던 그 팔뚝.

대구광역시 군위 출생.《문학시대》시,《한국수필》수필,《문장》문학평론 신인상. 시집『사소한 자각』,『허공 도장』, 수필집『아린』외 다수, 평론집『현대수필의 창작과 비평』출간. 박종화문학상, 대구문학상, 한국수필작가회 문학상 수상.

붉은머리오목눈이처럼 녹다
―차규선 화가와의 대화對畵

시詩는 그림의 입.
산사山寺의 붉은머리오목눈이
황금빛 태양 속 형체도 없이 편안하게 녹아있다고
그대에게 적어 보내네.

그 사이, 식어버린 시간들이 벌려놓은 흰 틈으로
그대 검은 가지들이 긴 팔을 뻗고,
아직껏 잡아보지 못한 노랑과 분홍의 힘들은
무섭도록 여기저기의 검은 바위에서 스며 나왔지만

그림은 시詩의 눈.
이곳은 컴컴한 山만은 아니어서
내가 홀로 지은 별만이 아니어서
내가 얼룩처럼 문장 끝에서 울고 있을 때
그대 은하수 한 편도 푸른 울음소리의 강도強度로
살짝 기울어지며 나를 바라보고 있네.

시詩는 그림의 입이어서
우리의 부재不在조차도 붉은 꽃들의 응답이 되는
그대 분청粉靑의 바탕 울음, 샘솟는 울음으로
붉은머리오목눈이처럼 우리도
황금빛 태양 속 형체도 없이 편안하게 녹아질 수 있으려나
어쩌려나.

노 태 맹 | 10월 둘째 주

시작 노트

 철학자 베르그송이 말한 것처럼, 삶은 이미지들로 가득 차 있고 사물들은 이 이미지들의 총체다. 나는 화가들로부터 많은 것을 배우고 베끼고 있다. 나의 시도 그림처럼 표상되었으면 좋겠다. 기억을 벗어난 이미지는 현재와도 섞이고 미래와도 섞인다. 그럼으로써 나는, 나의 이미지는 시간과 공간을 획득하고 또 확장한다.

1962년 경남 창녕 출생. 1990년 《문예중앙》 신인상으로 등단. 시집 『유리에 가서 불탄다』, 『푸른 염소를 부르다』, 『벽암록을 불태우다』, 『이팝나무 가지마다 흰 새들이』 출간. 대구시인협회상, 사이펀문학상 수상.

도깨비바늘이 바짓가랑이에 붙어 따라오다

초겨울 마른 풀밭을 걷다 나오니 아뿔싸, 도깨비바늘이 바짓단에 가득 붙어 따라왔다 옷깃을 스친 인연이 몇 겁이라던데 살갗에 박혀 나를 긁는 도깨비바늘의 시간을 가늠해 본다

언젠가 나를 겨냥한 서슬 푸른 말들에 질려 여름 텃밭 억센 잎줄기를 쳐내듯 슬그머니 밀어낸 얼굴들

도깨비바늘 떼내며 나도 미안하다 또 도깨비바늘 떼내며 나도 반성한다 다시 도깨비바늘 떼내며 마른 풀들 서걱대듯 되뇐다

도깨비바늘에 바짓가랑이를 잡혔다

노현수 10월 셋째 주

시작 노트

해마다 계절이 오고 가는 것처럼 유한한 지속성을 얻은 詩는 내 삶의 일부가 되었다. 선을 잘못 넘은 시간들은 늘 어지러웠고 온몸은 추웠다.

내가 쓴 많은 매개한 것들이 혹 거짓은 아니었는지, 침묵의 시는 불가사의한 위장술은 아니었는지, 가볍게 내뱉은 말들을 반성한다. 여전히 내게는 달갑지 않은 불가능한 것들이 많다.

그러나 부끄럽게도 슴슴한 시의 고통을 즐기려고 한다(혹시 내가 메저키스트는 아닐까 잠시 짚어본다). 두렵지만 詩를 향해 나를 향해……

1954년 경북 문경 출생. 2003년 《다층》으로 등단. 시집 『방』, 『몽유』 출간. 2021년 대구문화재단 창작지원금 수혜.

가을 수채화

빈 커피잔에
가을비
내려앉는다

저 하늘 끝자락
돌아 나가는
철새 울음도
내려앉는다

흐르는 노을 속으로
서 있는
나도
내려앉는다

| 류 호 숙 | 10월 넷째 주 |

시작 노트

    시골 학교에서 교직 생활하던 늦가을 어느 날이었다. 떠들썩하던 아이들 다 집으로 돌아가고 텅 빈 교정에는 간간이 내리는 가을 이슬비 속에서 감들이 발갛게 익어가고 있었다. 저 먼 서쪽 하늘 끝자락에는 비가 오지 않는지 금빛 노을빛으로 흥건히 젖어있고 그 속에 한 무리 철새 떼가 줄지어 날아가고 있었다. 그 풍경은 한 폭의 아름다운 수채화였다. 나도 그 풍경의 한 부분이 되려고 커피잔을 들고 운동장으로 걸어 나가 곱게 물들어가는 감나무 아래에 서서 떠나가는 철새 떼를 바라보고 있었다. 철새 떼는 노을 속으로 내려앉고 나도 내려앉았다.

충북 영동 출생. 2003년 《문예비전》 신인상으로 등단. 시집 『빈 커피잔에 가을비 내려앉다』 출간. 문예비전 문비문학상 수상.

칩거蟄居

1
석류꽃 뚝뚝 지고 풍경이 귀를 울리다. 오래도록 헤쳐모인 서늘한 눈들이, 선정적으로 개개비들의 짝이룸 엿보다. 아 무거운 것들, 잠시 기대고 싶었던, 늙은 둥치와 뚝 그친 그 적멸의 무수한 길과, 길 위에 찍혀진 매미 울음들. 뜰 아래 탑 선 자리에 주저앉으면 적거謫居의 빗소리만 지나가다.

아둑시니여, 너무 멀리 달아난

2
그래서 잔설 분분한 산 속의, 장독대 옆 비구니
주고받는 말씀 돌담 넘어 도란도란 피는 새소리

길목에 주울 것 다 주운 종종종 새 발자국

첨공尖拱까지 몸뚱아리로, 밀고 밀어올린 길의
대나무 흔드는. 소리 구멍 너무 깊은 울음 무늬

새기는 마른 고백에 걸린 총총총 은초롱눈꽃

| 윤 희 수 | 11월 첫째 주 |

시작 노트

   사물과 인간 사이에 관계하는 어떤 비극적 서정 또는 그 관계의 징조徵兆를 탐색하려 한다. 그것은 연기緣機로서의 인식이 아니라, 그냥 무위無爲하거나, 희론戲論하거나 한다. 사물과 사물의 사이, 혹은 인간과 대상 사이에 경계를 짓는 미묘한 공간, 그리고 그 공간 속에서 제 목소리를 감추고 있는, 다양하지만 미분화된 동식물적 이미지들을 몽환적 색채로 그려보려 한다.

1991년 《현대시학》으로 등단. 시집 『드라이 플라워』, 『풍경의 틈』, 『정곡』, 동인지 『한 치, 또는 반 치』, 시선집 『풍경의 틈이 궁금해』 출간, 평론 「트라우마가 가득한 상자들-이경림 시집」, 「슬픔도 시가 된다-문인수론」, 「신용목론」 등

남해

떠날 사람은 떠나버렸다

온 사람도 소식 없다

오고 감은 파도의 시늉일 뿐

동백꽃은 필 뜻이 없는데

망상어는 새끼를 낳았다

바다 물빛이 파랬다가 하얬다가

이별은 기별보다 빠르다

| 이 동 백 | 11월 둘째 주 |

시작 노트

마음이 출렁거려 남쪽 바다로 내려왔다.
하도 고요하여 시간이 멈춘 것 같았다.
파도가 일듯이 파도가 가라앉듯이
만남은 순간의 사건일 뿐인데……

본명 이동한. 1955년 경북 경산 출생. 1996년 《현대시》로 등단. 시집 『수평선에 입맞추다』, 『대구선』 출간. 2018년 제4회 현대시 시인상 수상.

길

길은 언제나 나보다 한 발 앞서간다.
예각으로 꺾인 골목 입구까지 따라가면
또다시 저만큼 달아나는 길
길을 붙잡고 질문을 던져본다.
아침에 열리고
저녁에 닫히는 저 길 끝에는
누가 기다리고 있기에
길 안에 들어서면 가슴이 뛰는 것이냐?

이은재　11월 셋째 주

시작 노트

　길은 끝이 없다. 끝도 없는 길을 오늘도 터벅터벅 걸어간다. 인생 고개를 넘고 넘어 고령에 다다르니 시작점도 안 보이고 끝점도 안 보인다. 시의 길도 마찬가지라고 생각한다. 시 한 편을 쓰고 나면 또다시 앞이 캄캄해진다. 시의 길을 시에게 물어보면 시는 가슴으로 시를 쓰라 할 뿐 더 이상 말이 없다.
　오라 하는 이가 없으면 길도 없고 나도 없다. 나를 만나자는 이가 있어 길을 나설 때가 가장 많이 들뜨는 순간이 아닐까 생각한다. 인생이 별거 있나. 사람과 사람이 만나서 사람 사는 이야기를 나눌 때가 가장 즐거운 순간이 아닐까. 소소한 이야기 속에서 시를 만나게 된다면 더욱 즐거운 일이 아닐까.
　다행히도 나를 오라 하는 시가 있어 시의 길을 가고 있다. 어느 날은 시가 보이다가 어느 날은 시가 술래잡기를 하자면서 숨어 버리기도 한다. 나는 술래가 되어 시의 머리카락이라도 붙잡아 보려고 헤매기도 한다. 길은 언제나 나와 함께 하지만 시는 소원할 때도 있어 시의 길에 들어서기가 망설여진다.

2012년 《월간문학》 신인상으로 등단. 시집 『나무의 유적』 등 출간. 대구문학상, 국제펜아카데미문학상 수상. 도서출판 그루 발행인.

이거 다 나, 주나

학산* 오솔길과 상수리나무 그늘까지
공空으로 얻고도
그 나무 탯줄 이은 공중을 마구 흔들었네

투닥투닥 생으로 배꼽 떼인 꿀밤을 갈취하고도
'이거 다 나 주나, 이거 다 내 꺼가?'
음 음, 허밍까지 흥겨운 비닐 봉다리
새는 줄도 모르고,

내 이럴 줄 알았지, 등 뒤에서 지켜보던
어린 청설모 새까만 눈동자에 찰칵,
찍힌 시선視線,

숲길은 뭇 생명 간間의 처처인 것을 깜빡 했네

때로, 한 구간 기다릴 줄 아는
유순한 자에게 내어준다는 숲속 질서, 거스른

말간 가을,

숨을 그림자 어디에도 없는, 불한당이 되고 말았네

*대구 달서구 송현동과 월성동을 잇는 작은 산

| 박 경 조 | 11월 넷째 주 |

시작 노트

폭우와 폭서를 온몸으로 다스려낸 학산 상수리나무숲, 가을이다.
인간의 어리석음에 자연의 엄격함을 주문하듯, 등 뒤를 지켜보던
어린 청설모 저 새까만 눈빛에, 움켜쥔 손 가만히 펴보는 말간 한낮.

대구광역시 군위군 백학 출생. 2001년 《사람의 문학》으로 등단. 시집 『밥 한 봉지』, 『별자리』, 『그대라면, 무슨 부탁부터 하겠는가』 출간. 《사람의 문학》 편집위원.

풍년 예감

고령 다산면 벌지리
수 천 평 언 땅
들 논 가운데
세워져 있는 기중기의 탑

평퍼짐한 논 가운데
수직으로 벌떡 솟아 있으니
막막하던 겨울 땅
흙의 둔부는
서서히 달아오르고

반경 삼 십리 눈 녹았다

| 박 용 연 | 11월 다섯째 주 |

시작 노트

  겨울 들판은 을씨년스럽다. 잿빛 하늘에 눈발이라도 날리면 더욱 그렇다. 다산면 너른 들판에 관정 작업을 하던 기중기가 탑을 곧추세워 두었으니 의도치 않았다 하더라도 그것은 분명 음양의 조화를 완벽하게 그려내고 있었다. 고령의 들판이지만 누런 결실 맺지 않고 어찌 견딜 수 있을까.
  시골 도시할 것 없이 끊긴 아기의 울음소리가 다산면을 기점으로 곳곳에서 우렁찼으면 좋겠다. 내년에는 백일 떡, 돌떡이 푸짐하겠다.

《문장》 신인상으로 등단. 시집 『풍금』 출간. 시공간, 문장인문학회 회원.

부부

서로가
조금씩 비켜서서
몸을 읽는다
가끔은 햇살이
내려와 한 평 숲을 만들고
더러는 새가 날아와
간밤 달빛 부스러기를
쪼아 먹는다
아득한 길
서로 손을 따스하게 하여
어둠을 나누어 마시며
길을 간다

| 이 유 환 | 12월 첫째 주 |

시작 노트

 이 아름다운 계절에 빛깔이 서로 다른 나무들이 모여 싱그러운 숲을 만들고, 풀벌레들은 함께 어울려 아름다운 하모니를 빚어낸다. 부부도 이와 같다. 사랑한다는 것은 상대를 알아가는 것이다. 부부는 사랑을 통해 자신의 존재 가치를 확인한다. 부부는 세상에서 가장 가까운 관계이다. 너무 가깝기 때문에 부부의 소중함을 잊고 지낼 때가 많다. 부부는 관심이다. 따스하게 손잡고 대화하며 늘 새롭게 다가가야 한다.

1985년 《현대시학》으로 등단. 시집 『異邦人의 강』, 『용지봉 뻐꾸기』, 『달의 물방울』 출간. 제39회 대구문학상 수상.

바위

그 뒤에
사람들이 따라 배웠겠지만
묵비권은 바위가 가장 먼저 했을 것이다
말해 보라
다그치는 비바람 앞에
늙은 산그늘과 살고 싶어
일찍 말문 닫았건
내가 원한 벙어리일 뿐이라는
그 말조차 바위는 끝내 하지 않았다

| 장 혜 랑 | 12월 둘째 주 |

시작 노트

*무슨 연유 있어 누구의 선택으로 사람이 되고 꽃이 되고
짐승 되고 벌레 되어 살아가는 길 모두가 다른가.
꽃은 환하게 피다 억울하다 몸부림치는 일 없이 고요히 진다.*

*비바람 몰아치는 깊은 산중, 긴 세월에 작아지지도 더 크지도 않는
늙은 산그늘과 벙어리 삶을 사는 바위 곁에 서 보았다.
하늘의 구름만 끝없이 지나간다.*

*붉은 낙엽 쌓인 길 뒤돌아보며
혼자 너를 그리워할 것이다.*

1946년 대구 출생. 1996년《현대문학》으로 등단. 시집 『바람의 입』, 『수묵화 치는 밤』, 『인동 장씨 내간』 출간. 대구문학 올해의 작품상, 대구문학상 수상.

단풍이 곱게 물들었네요

고운사 숲길에 단풍이 곱게 물들었네요
이 순간을 전하려
1분 안에 그대 기슭까지
수십 번 갔다가 되돌아옵니다

벅차오르는 단풍이
첫 마음처럼
순식간에 갈 데까지 가버릴 것만 같습니다

혼자서는 도저히
사무치는 이 가을을
주체할 수가 없습니다

| 박 숙 이 | 12월 셋째 주 |

시작 노트

   좋은 것을 보면, 아름다운 것을 보면 가장 먼저 생각나는 그리움, 혼자 보는 것이 아까워 단풍처럼 순식간에 그대 기슭까지가 벅찬 감정을 쏟아붓고 싶은, 그러나 마음뿐인 사무침, 고운 빛의 가을 앞에 서면 선한 눈망울로 하늘을 올려다보게 됩니다. 가슴은 온통 붉은 물이 뚝뚝 듣는……

경북 의성 출생. 1998년 《매일신문》 신춘문예 동시 당선, 1999년 《시안》으로 등단. 시집 『활짝』, 『하마터면 익을 뻔했네』 출간. 서정주문학상, 대구문학상 수상.

뱀이 허물을 벗는 시간

그것은 기척도 없이 삶이 그늘져야 가능한 일이다
복권 당첨된 하반신 장애의 오후처럼 도발적 감정세포에서였다
헛구역질이 뜬금없는 뱀의 혀 같고 휘청거리는 못물 같고
무시래기 삶는 냄새 팥 칼국수집 나박김치 냄새 극심하게 거부하는
위기 암덩이를 도려내고 한낮의 유등연지 움직임 없이 앉아 있는 나

얼룩진 혈거시대를 생각하다가 옛 거제포로수용소 시인을 읽었다
그는 목숨 사방을 경계하다가 방어 포착에 조준했다는 것
위기를 모면했던 영어 기술이 그의 보호색이었던 셈
사진 속 그의 커다란 눈이 연봉오리 닮았다
시신경이 진흙 어디쯤에서 역동했을 터, 쓸모없는 지폐처럼
풀은 풀로써 제 몫을 다해 몸으로 언어를 보이는 파충류를 보면 안다
내가 기어간다면 바닥의 진동을 듣는 아래턱과 내 이가
더욱 새로워질 것이다

| 이 자 규 | 12월 넷째 주

시작 노트

　삶에서 무지와 아집, 두통과 소화불량, 모독과 치욕으로부터 극복으로 완성되는 시는 뱀이고 경계이면서 틈새이고 금기다. 혓바닥이 찢어지는 노역이다. 글로 써진 현실의 육체다. 시는 논리 밖이기 때문이다. 죽음의 문턱에서 살아났다면 세상이 아름답게 보이는 법, 사람들이 몰라보는 즐거움이 있다. 절벽에 매달려서 버섯을 따는 사람, 다리를 잃고 선수로 달리는 사람, 아름다웠던 사람의 이름은 혼자다. 아무것도 원하지 않는 능력 키우면서 시를 쓰고 소통하면서 세상에 태어난 값을 조용히 치루고 싶었다.

2001년 《시안》으로 등단. 시집 『돌과 나비』, 『아득한 바다 한때』, 『붉은 절규』, 출간. 대구시인협회 이사.

2024
함께 꿈꾸는 시

월					
1월_	박재열	박지영	정화진	이혜자	변희수
2월_	함명숙	정대호	정하해	손수여	
3월_	유가형	황영숙	김현옥	정재숙	
4월_	이하석	김윤현	박태진	김청수	박희숙
5월_	김은령	김상윤	사윤수	김건화	
6월_	이진홍	김선굉	구양숙	손훈희	
7월_	이상규	김호진	권분자	이수진	신영조
8월_	권미련	박주영	권영호	해 인	
9월_	구옥남	김영근	강수정	김형범	
10월_	서종택	황인동	서 하	최애란	신윤자
11월_	이동순	박윤배	문차숙	박언숙	
12월_	김루비	홍승우	신표균	심강우	우영규

뿡 뿡 뿡 삐땍이 꽃

오늘은 글자가 다 꽃처럼 벙글어 있네, 낱말 속에도 싸한 꿀이 있어
벌새와 사랑이 찾아오네, 점점이 냉이 꽃, 땡땡이 물방울 꽃, 삐죽삐죽 삐죽이 꽃
이런 꽃 피우느라 글자들이 밤새 부스럭거렸구나
더러 토라져 누웠구나
앙 다물었다 앙다문 꽃
수줍다 보조개 꽃, 놀다가라 화류 꽃

내가 또, 낱말이 장난치는 시를 쓰지만
또 내겐 이런 거 밖에 쓸 게 없지만
솔직히 낱말들이 저 데리고 놀다 가세요 할 때
이 삐땍이들을 어떡하란 말인가
눈을 비비거나, 화장을 하거나, 저기요, 휴지 좀 빼 줘요
그래도 그게 다 시가 아니고 무어냐
내 것이란 늘 뿡 뿡 뿡 이런 삐땍이가 아니고 무어냐

| 박 재 열 | 1월 첫째 주 |

시작 노트

　결국 낱말들을 각자 분가시키기로 했다. 한 집에 살면서 부리려고 했으나 껄끄러지고 질기고 고집이 세어 독립시키기로 했다. 대신 평등하게 그들과 놀면 되지 않겠나. 도구로서 효용 가치를 떨치고 보면 낱말들은 여자처럼 다 예쁘고 '살강스럽고' 특유의 매력이 있다. 이제 저들이 놀다 가라 신호를 보내니 '삐딱이'와 어울려 놀 수밖에. 괜히 오래 붙들고 있었다 싶다.

1976년 《매일신문》 신춘문예, 1978년 《현대문학》으로 등단. 시집 『퀄퀄퀄퀄 물소리』, 『은유를 떼기치다』, 『꽃의 빠롤』, 시선집 『식물도감』, 저서 『미국 여성시 연구』 등 출간. 대구시문화상 수상. 형상 동인. 경북대 사범대 영어교육과 교수 역임, 『시와 반시』 기획 편집 역임. 사단법인 작가콜로퀴엄 이사장, 계간 시전문지 『낯선시』 주간.

두근두근 기대하는 새 날

아침잠에서 깨어 눈뜨는 것이
얼마나 경이로운지요
얼마나 감사한지요

오늘은 어떤 하루를 보내려나
당신이 나에게 무엇을 보여주실지
무슨 말씀하실지
두근두근 기대하며 맞이하는 새 날

사랑하는 나의 하나님

| 박 지 영 | 1월 둘째 주 |

시작 노트

지금까지 살아오면서 아침에 눈뜨고 밤이면 잠드는 순간에 대해 숨쉬는 공기처럼 당연하게 여겨왔다. 하루하루를 정신없이 바쁘게 허덕이며 사느라 눈 떠지면 일어나고, 늦은 밤 내일을 위해 잠을 청할 때가 다반사였다.

올 봄 나로서는 큰 일이 있었다. 병원 신세를 지게 되었다. 차가운 수술대 위에서 못 깨어나면 이대로 갈 수도 있구나 싶었다.

나는 여섯 살부터 교회에 다닌 기독교 신자였다. 그동안 말로만 신자였지 참 신앙인이라 말할 수 없었다. 그런데 나에게 놀라운 변화가 찾아왔다. 하나님이 내 안에 계시고 내가 하나님 안에 계심을 깨닫게 된 것이다. 내 입에서 하나님을 찬양하고 있었다.

아침에 눈뜬 순간이 얼마나 놀라운 일인지, 얼마나 감사한 일인지 깨닫게 되었다. 매일매일 다르게 다가오는 나날이 기대되었다. 오늘은 하나님이 나에게 무엇을 보여주시고 무슨 말씀을 하실지 기대하고 기대하는 날이 되었다. 오늘은 그래서 나에게 새 날이다. 경이롭고 감사한 날이다.

1957년 경북 의성 출생. 1992년 《심상》으로 등단. 시집 『서랍 속의 여자』, 『귀갑문 유리컵』, 『검은 맛』, 『사적인 너무나 사적인 순간들』, 『간절함은 늙지 않는다』, 사진시집 『눈빛』, 평론집 『욕망의 꼬리는 길다』, 산문집 『꿈이 보내온 편지』 출간. 대구문학상, 금복문화상 수상.

꽃의 언어

붉은 낱말
슬픔조차 근접할 수 없는 환희의 낱말
아름다움, 수정 같은 정교한 붉음은 어떤 형식을 띠게 될까
태양의 옷들이었지

그래, 붉은 길을 가보는 거다
이곳 지상에 존재하지 않는 말들, 낯설고 어눌했던 시간을 열고
마당에 늘어놓은 빈 토분에 제라늄 씨앗을 심고 꽃의 낱말들을 길러야겠어
냉이꽃 수레를 끌 당나귀 한 마리도 구해와야겠지

아이의 들판에 안개와 바람과 까마귀와 비밀의 숲과 붉은 털 여우가 있었지
넌 출생부터 꽃의 아이였어, 지하세계의 화사한 낱말들을 뿜어 올릴 줄 알았지
꽃의 설계도를 가진 채, 말의 씨앗인 너
빨간 머리 앤*
주근깨투성이 아이야
너는 자체 발광 환희의 말들이었어
이층 창가에 올리브 흔들리는 나뭇가지, 안개 그리고 구름
빈 플라워(Bean flower)…… 비밀의 정원 뒤뜰에 늘 숨어들곤 하던 빨강머리 아이야

| 정 화 진 | 1월 셋째 주 |

너의 말은 어여쁜 꽃의 낱말들이야

*몽고메리 원작의 동명소설, 넷플릭스 시즌 3, 10부작 미국 드라마

시작 노트

 골목길을 걸어가고 있었다. 며칠 동안 내린 비로 상큼한 공기가 느껴지는 봄날이었다. 저녁의 어둠이 잔설처럼 내리는 길이었다. 네온 불빛이 켜지고 대문이 조금 열려 있는 정원이 있는 집, 빨려 들어가듯 그 집의 지하 계단을 내려가고 있었다. 축제의 장소… 목이 긴 여성들… 경쾌한 음악들… 긴 꼬리가 달린 긴 다리의 여성들이 열심히 접시를 나르고 있었다. 황홀한 색감의 천을 두른 그녀들은 한 번도 만나거나 본 적이 없는 종족들이었다. 진귀한 음식을 담은 대형 접시를 나르는 그녀들은 과연 누구였을까? 음악이 울려 나오는 계단의 꺾인 모서리에 크고 작은 여행자 가방들이 쌓여 있었다. 그 집 입구의 철제문에 별처럼 반짝이는 네온 불빛이 밤새 켜져 있었다.
 네온 간판에 빈 플라워(Bean flower)라고 쓰여 있었다. 그리고 세 번째 시집의 「여행자 가방」이라는 시를 썼다. 몽환, 꿈의 한 자락이었다.

1959년 경북 상주 출생. 1986년 《세계의 문학》으로 등단. 시집 『장마는 아이들을 눈 뜨게 하고』,『고요한 동백을 품은 바다가 있다』,『끝없는 폭설 위에 몇 개의 이가 또 빠지다』 등 출간.

반성

느닷없이
아이의 얼굴에 꽃잎
곱슬곱슬한 여자의 머리칼에 꽃잎
모자 위, 어깨, 발등으로
날아드는 꽃잎 부적
　웃어요, 웃어요

꽃잎 한 장
바람 한 점
하나의 문장
하나의 생

누구라도 한 걸음은 환했을 오늘
행여
어느 생을 즈려밟지 않았던가?

| 이 혜 자 | 1월 넷째 주 |

시작 노트

  낮게 움직이는 바다와 마을사람들이 마늘이나 보리 대신 심은 노란 유채. 늦은 참꽃과 이른 철쭉, 길가엔 나무를 놓아버린 잎들이 사방으로 흩날리고 있었다. 셔터를 누르는 사람들. 찰나가 찰칵찰칵. 웃음소리는 꽃들 속을 나비처럼 나풀나풀 날아다녔다. 또 하릴없이 발에 밟히는 하얀 잎들, 이 발랄하며 슬픈 꽃잎들의 춤.
  문득, 무명의 누군가에게 미안해지기 시작했다. 또 오늘.

1971년 경북 칠곡 출생. 1995년《매일신문》신춘문예로 등단. 시집『나의 드라마』,『나에게 암호가 걸려있다』출간.

원목

　빛을 빨아들이는 블랙홀 나무가 팽창하고 있다 나뭇잎이 분열하고 있다 나뭇잎은 나뭇잎을 뒤덮고 새들이 먼지처럼 날아오르고 있다 나무속으로 들어간 사람이 폭발한 꽃을 들고 나오고 있다 원목의 비현실적인 아름다움을

　창세기로 읽고 있다

| 변 희 수 | 1월 다섯째 주 |

시작 노트

이해는 예술의 전제가 될 수 없다. 감각만이 예술을 선험하는 형식이다. 온몸으로 빛과 바람을 더듬는 나무들의 세계는 감각적이어서 오히려 비현실적일 때가 많다. 프랑시스 퐁쥬의 말처럼 나무가 쏟아내는 것은 녹색의 구토에 더 가깝지만 나는 나무들의 울렁거림이 좋다. 그런 걸 리듬이라고 해야 할까. 아무튼 폭발한 꽃(시)을 찾으러 나무속으로 들어갈 때 굉음과 먼지 속에서 희미하게 빛나는 것들이 있다.

감각의 제국에서 건진 시를 언어의 창세기로 읽는다면 말이다.

2011년《영남일보》, 2016년《경향신문》신춘문예로 등단. 시집『아무것도 아닌, 모든』,『거기서부터 사랑을 시작하겠습니다』,『시민의 기분』출간. 천강문학상, 제주4.3평화문학상 수상.

정물

골목 입구 모과 몇 담벼락 위에 얹혀 있다
젊은 여자 기침하며
골목길 빠져나가고 있다

저만큼 닭장 뒤쪽
살금살금 도둑고양이
겨울 짧은 햇살에 잡혀
낡은 나무의자에 앉아 졸고 있다

어젯밤의 양버즘나무 낡은 잎, 차바퀴에 짓눌려 있다
흙탕물 튄 내 바짓가랑이 물웅덩이 스쳐간다

카랑카랑 큰 나뭇잎 바람에 날린다
모과도 고양이도 다만 바람의 표면장력일 뿐
골목길이
흐린 하늘이
쓸쓸함이
모두 정물이 되어
작은 웅덩이에 붙박여 있다
흙탕물 튄 바짓가랑이 나도 뒤돌아와 붙박인다

함 명 숙   2월 첫째 주

시작 노트

내가 나에게 고맙고 감사했다고 가끔은……
때로는 나를 찾아 산촌 마을 풍경 속
일상들을 스케치해 본다.

안동 출생. 《다층》 신인상 등단. 시집 『꽃밭을 서성이는 말』 출간. 문예사조문학상 수상.

지상의 아름다운 소망

까치밥 사과 위에 눈이 내렸습니다.
빠알간 사과 위에 하얀 눈이 내렸습니다.
사과밭에는 아무도 없습니다.
사과는 안으로 얼어들면서
까치밥이 되지 못할까 걱정입니다.
제 몸을 파먹을 까치가 없을까 걱정입니다.

| 정 대 호 | 2월 둘째 주 |

시작 노트

　이 시는 오래 전에 쓴 것이다. 대학의 문학 동아리 후배들과 1월 1일 성주에 놀러 갔었다. 하얀 눈이 덮인 사과밭이 있었다. 빨간 사과 위에 하얀 눈이 덮여 있었다. 사과밭 주인이 까치밥으로 남겨둔 사과였다. 가까이 가서 만져보니 사과가 꽁꽁 얼어 있었다. 이렇게 까치밥으로 남겨진 사과는 크기가 작다. 상품 가치가 없어서 주인이 따지 않았다. 대체로 맛도 떨어진다. 맛이 있는 사과는 새들이 주인보다 먼저 쪼아 먹는다. 이 사과도 생명 가치를 가지고 이 세상에 온 것이다. 그래도 이 사과가 생명 가치를 다하는 것은 이제 그냥 땅에 떨어져 썩어 거름이 되는 것이 아니라, 까치밥이 되어서 다른 새들의 배를 부르게 해주는 것이 자신의 존재 가치를 다하는 것이 아닐까. 큰 축제의 제사상에 가는 것도 아니다. 고급 잔치에 멋진 전시품이 되는 것도 아니다. 오고 가는 새들에게 그 먹이로 자신의 한 생을 바쳐 먹이가 되는 것. 한 작은 생명으로 태어나 다시 작은 생명들의 먹이가 되어서 그 새들을 배부르게 할 수 있다면, 이것만으로도 자신의 탄생의 소임을 다한다고 소망하는 버려진 작은 사과. 한 생명의 소망이 이것쯤이라면 이것 또한 아름다운 것이 아닌가. 쓸쓸히 버림받아 한 생명을 다하는 그 순간의 소망이 이것쯤이라면, 이렇게 한 생을 살 수 있다는 것이 너무 아름답지 아니한가. 스스로 자신이 한 생을 까치밥으로나마 살 수 있기를 바라는 마음, 그 자체가 너무나 아름답다고 생각했다.

1958년 경북 청송 출생. 1984년 『분단시대』 동인으로 활동. 시집 『어둠의 축복』, 『마네킹도 옷을 갈아 입는다』, 『가끔은 길이 없어도 가야 하는 때가 있다』, 평론집 『작가 의식과 현실』, 『세계화 시대의 지역문학』, 『현실의 눈, 작가의 눈』 출간.

참깨밭을 지나다

어쩌다 참깨밭입니다
최초의 더위처럼 잡풀이 혼란스러운 한복판
참깨꽃 오지게 피는 중입니다
몸살 같은 꽃들이
참 얌전한 발악입니다
딱 두 마디 참, 깨,
하는 발음이 저절로 미소가 됩니다
염천이 깨꽃을 피우는 그맘때
당신은 유달리 참깨를 많이 심었습니다
찐득한 조청에다 생깨를 넣어
겨울이면 우리를 먹이던
말하자면, 내가 삐쩍 마른 때문이라는 거
저것에 얼마나 땀을 희사했을까요
땡볕도 깨꽃도 자글자글합니다
꽃이 수척해지는 한낮,
한 전망이었던 깨꽃에 걸려
머나먼 당신과 독대를 합니다
빈 행간들을 이렇게 또
복기합니다

| 정 하 해 | 2월 셋째 주 |

시작 노트

   그러니까 추억은 우리들의 연대기를 들여다 볼 수 있는 거울이며 때로는 망각을 터트리는 찰나의 사건이기도 하다. 우연히 맞닥뜨리는 사물로 하여 아주 먼 연대기 하나에 소환당하는 일이 생기는 건, 그야말로 흔하지만 흔하지 않는 사물과 내가 생시처럼 번쩍이는 연결점이 있다는 것에 놀랄 때가 더러 있으니 말이다. 시적 화자인 참깨 꽃은 한 여름에 핀다. 냄새는 그다지 향기롭지 않으나 하얗게 매달린 것이 낮별이라고 해두자.
   천 평이 넘는 밭이 있다 보니 부모님은 참깨를 많이 심었는데 가을걷이를 끝내고 초겨울이면 항상 집에서는 조청을 엄청 많이 만들었다. 그 진득한 조청에다 볶지 않은 생 참깨를 듬뿍 넣어서 매일 우리 삼남매에게 먹으라 했었다. 아마도 그때부터 내가 빼짝 말라 부실했던가 보다. 또한 겨울이면 쪼그만 무들을 쇠죽 끓이고 난 잔불에 밤새 구워서 아침이면 우리들을 깨워 먹으라던 아버지, 참깨든 무든 먹었던 겨울추억들이 어린 시절과 함께 잠시잠깐 나를 다녀간 어떤 트랙이었던 거다.

포항 출생. 2003년 《시안》으로 등단. 시집 『젖은 잎들을 내다버리는 시간』, 『바닷가 오월』 외 출간. 대구시인협회상 수상.

암각화 2

바다의 제왕 고래들이 다 모였다.
긴수염고래 혹등고래 귀신고래
향고래 들쇠고래 범고래 상괭이가
대서양 인도양 태평양도 건너왔다.
고래들이 몰려와 여기 살기 좋다고
아주 오랜 돌고래 떼 몇 마리가
고래고래 고함지르며 나올 기세,
입 벌리고 무슨 말을 마구 쏟아낸다.
잡지 말라
자유롭게 살고 싶다.
우리 터전을 막지 말라
비닐도 플라스틱도 버리지 말라
고립으로 치닫던 검붉은 액자 속
솟대처럼 우두커니 서서
경계를 내려놓고 허구 세월을
반구대에 걸려 사람 구경 중이다.

손 수 여　　2월 넷째 주

시작 노트

　반만년의 역사를 가진 국가, 나라 곳곳이 살펴보면 보물의 천국이다. 생명체에게 늙음은 피해갈 수 없는 일, 영원은 어디에도 없다. 그래도 스스로 움직일 수 있을 때 살펴볼 일이다. 사물을 바라보는 시각에 따라 그 느낌과 표현이 다르다. 바라보는 것도, 표현 기법도 개성이다. 있는 그대로 바로 보는 것, 거꾸로 보는 것, 상상하고 형상화 해 보는 단계 등이 그렇다. 울산광역시 울주군 언양읍 대곡리 반구대 암각화는 국보 제285호(1995.6.23.)이다. 벽화 속의 고래를 내가 보는 것이 아니라 벽화, 액자 속 고래가 바깥세상을 향해 나를 보고 있다는 역발상이다.

《시세계》,《한국시학》시,《월간문학》평론 등단. 시집 『성스러운 해탈』, 『숨결, 그 자취를 찾아서』 등 8권, 평론 『매헌 윤봉길의 문학사적 위상 조명』 외 작품 해설 다수 출간. 제4회 도동시비문학상(2020), 제34회 P.E.N문학상(2018) 수상. 국제펜한국본부 대구지회장, 한국현대시인협회 부이사장 등.

첫

첫이란 말에

돌확에 잠자던 동그란 그리움이 머리를 든다

첫 만남

첫사랑

첫 출근

첫날밤

첫눈

첫새벽

첫차

장독 위에 놓인 신성한 정화수다

싱그러운 아침 공기며

뽀송하게 말린 새하얀 빨래다

천만 개의 세포가 찬 산골물에 발 담근 듯

| 유 가 형 | 3월 첫째 주 |

뽀얀 설렘이 살갗의 실가지에 걸어놓은

긴 명주 수건에 얼굴을 묻고

가물가물 사라져 가는 기적 소리를 듣는다

시작 노트

    인간관계도 그렇지만 쌀쌀한 첫새벽에 첫차를 기다리며 첫 출근 하는 때를 잊은 사람은 없을 것이다. 누구나 그 설렘은 잊지 못할 것 같다. 바쁠 때는 모르다가 조금만 한가해지면 난 그리움에 끌려다닐 때가 많다. 푸시킨이 말한 것처럼 젊었거나 나이 들거나 지난 것은, 모두 그리움의 대상이기 때문일 거다.
    결국 인생이란 '첫'이란 기적을 울리며 떠나는 기차와 다름없고 기적소리처럼 '첫'과의 거리는 점점 멀어져만 가는 것이다.

2001년 《문학과 창작》에 시, 2009년 《아동문학평론사》 아동문학으로 등단. 시집 『은색 봄비』, 『거울 속의 여자』 외 4권, 동시집 『찬바람 늑대』, 에세이집 『밤이 깊으면 어떻습니까?』 출간.

초승달

여섯 해를 살고 아이는 죽었다

울다 울다 지친 어미가

아이가 보고 싶어

구천의 먼 길을 헤매고 다녔다

보다 못한 어둠이 캄캄한 손을 씻고

그믐의 한쪽을 빌려

아이의 눈썹을 곱게 그려주었다

| 황영숙 | 3월 둘째 주 |

시작 노트

 초승달을 보며 참으로 오랫동안 가슴이 설레었다. 초승달이 뜨는 밤이면 저 애련한 아름다움을 향해 시 몇 자 적는 것마저 미안했다. 너무 애절한 슬픔과 그리움이 그 속에 숨어 있으리라 생각했기 때문이다. 사랑을 말할 수 없는 삭막한 세상에 살면서 끝없이 이어지는 어미의 사랑이야말로 우리를 영원한 구원의 길로 데려다주지 않을까 생각해 본다. 초승달이 뜨는 밤에는 세상의 모든 어둠이 손을 씻는다.

1990년 《우리문학》으로 등단. 시집 『은사시나무 숲으로』, 『따뜻해졌다』 출간. 대구예술상, 대구문학상 수상.

귀

환하게 열린 창문귀
너그럽게 웃는 도인귀
넓고 깊은 마당귀
화사하고 사랑스러운 꽃귀
따뜻하게 두근대는 하트귀

귀를 진화시켜야 해
입만 개발하지 말고

| 김현옥 | 3월 셋째 주 |

시작 노트

  사람들은 저마다의 세계 속에서 살아간다. 마음과 환경이 서로 다른 세계. 그래서 누구라도 자주 혹은 가끔 외로움을 느낀다. 그 자신들의 세계의 문을 활짝 연다면 타인들과의 소통에 별 무리는 없을 것이나 때로 오해가 생길 수는 있다. 그것은 각자의 마음이 가지고 있는 편견이나 아집이나 먼지 같은 것 때문. 순수한 마음은 세상을 있는 그대로 보고 듣고 느끼고 받아들인다. 자신들만의 마음의 필터로 상대방의 말을 들으면 색안경을 끼고 사물을 보는 것과 같다.
  시인은 마음의 순수에 가닿아야 하리. 그 순수에 깃드는 모든 것들을 시로 인화해야 하리. 그래서 자신을 선전하는 입을 닫고 상대방의 가슴을 들을 줄 아는 귀를 열어 놓아야 하리. 시 역시 세상과의 소통을 위한 것이니. 오해가 아닌 아름다운 소통.

경북 영덕 출생. 1994년 《영남일보》, 1997년 《매일신문》 신춘문예로 등단. 시집 『언더그라운드』, 『니르바나 카페』, 『그랑블루』, 『룸펜들』, 『댄싱 붓다들』 출간.

반짝

조롱조롱 매달렸던
물방울 하나
톡 떨어지는 순간
나와 눈이 마주쳤다.
찰나
다시 없을
눈 감을 때 떠오를
반짝임 하나 얻었다.

| 정 재 숙 | 3월 넷째 주 |

시작 노트

> 존재한다는 건 다 아름답다.
> 존재 그 자체로 신비하고 가슴 뜨겁다.
> 비가 오고 난 뒤 조롱조롱
> 매달리는 물방울들을
> 경이롭게 바라본 적이 있었다.
> 베란다 창틀에 조롱조롱 매달려
> 존재하는 그 빗방울
> 살아있음이다.
> 그러나 잠시 반짝 빛을 내고
> 톡 떨어졌다.
> 순간 그는 반짝였고
> 나는 뜨겁게 반짝였다.

1946년 경북 영양 출생. 1987년 시집 『네 시린 발목 엎어』 발간으로 등단. 시집 『몽산집』, 『이런 날이 왔다』, 『사랑은 물결 무늬어』 출간. K국제펜문학 대상, 백기만문학상 수상.

티티새

　1
개똥지빠귀 한 쌍이, 한껏,
우리 집 통풍구에 집을 짓네

마냥 바람 잘 날을 내가 빌어서
알도 낳네 뜨겁네

　2
그 바람에 나앉아 나도 살아낼까

부끄럽네,
나는 왜 문지방 없는 통풍구를 내어놓고도
바람을 재워 다독이기만 하나

이 하 석　　4월 첫째 주

시작 노트

　때로 느닷없이 '자연'을 맞는다. 성가시고, 불결해 보여 귀찮게 여겨져도 어쨌든, 부자연스럽다고 여길 일은 아니다. 시멘트로 바른 마당 구석에서 피는 제비꽃, 집의 처마에 처소를 정한 제비, 통풍구에 집을 짓는 개똥지빠귀 같은 것들. 이런 느닷없는 조우를 통해 나와 자연 간間의 교감이 이루어짐을 뿌듯해하기도 한다. 나와 자연 간의 틈을 비집고 들어 온갖 생이 깃든다! 도시화로 자연과 담을 쌓고 살아가지만, 자연과 나의 사이가 갖는 틈은 아주 메꾸어지지 않은 채로 있는 것이다. 언제든 조건이 맞으면 거기서 교감이 생기고 생명의 상호 통로가 열리는 것이다. 그래, 의식적으로 그 '사이'를 은근히 열어두고 싶은 봄이다.

1971년《현대시학》으로 등단. 시집『투명한 속』,『김씨의 옆얼굴』,『우리 낯선 사람들』,『연애 간(間)』,『천둥의 뿌리』,『기억의 미래』, 서사시집『해월, 길노래』등 출간. 김수영문학상, 김달진문학상, 이육사시문학상, 현대불교문학상 등 수상. 전 대구문학관장.

봄봄봄

지난해에 보내주어 다시금 돌아왔네
보내주지 않았다면 금년 봄은 없었으리
명후년 봄을 위하여 금년 봄도 보내리라

꽃 필 때 보냈더니 꽃을 품고 돌아왔네
꽃 좋다고 보내지 않았다면 못 볼 꽃봄
명후년 꽃봄을 위하여 봄꽃도 보내리라

| 김 윤 현 | 4월 둘째 주 |

시작 노트

　받고 주기보다 주고받는 것이 더 아름답겠다. 주었다고 꼭 받아야 하는 것은 아니겠지만 그것이 자연스레 이루어진다면 꽃처럼 아름다울 것 같다. 그것도 가장 좋은 것을 가장 좋을 때 보낼 수 있다면 금상첨화가 아니겠는가. 겨울 추위를 견디고 돌아온 봄을 봄에 보내주어서 온전한 봄이 돌아오는 것은 자연의 이치라. 그것도 꽃 피는 봄을 보내주었으니 꽃봄으로 다시 돌아오는 것이리라. 절정일 때 절정을 내려놓는 삶이란 꽃일 수밖에 없으리라. 봄일 때 봄을 보내주고 꽃 피었을 때 꽃을 보내주는 꿈을 이 봄에 꾸어보리라.

1955년 경북 의성 출생. 1984년《분단시대》로 작품 활동. 시집『대구. 다가서 보니 다 詩였네』외 다수 출간.《사람의문학》공동 창간. 대구경북작가회의 회장 역임.

히스테리시스 6

저 나무 저 자리서 저렇게 평생을 살겠구나

사람도 깃발 하나에 평생을 살아가지만
한순간 팔자를 던지며
너의, 뿌리를 본 적 있다

칼바람에 깃발처럼
무언가를 찾아 헤매던 내 젊은 날처럼
목말라 발버둥친 검은 상처가 있고
땅 위의 가지만큼 땅속에서도
악착같이 산 흔적이 실핏줄같이 뻗어 있다

얼마나 처절했는가는 뿌리를 보면 안다

그러나 불수의근不隨意筋
그 바람이 너의 뿌리인 것을

| 박 태 진 | 4월 셋째 주 |

시작 노트

어느 날 한 그루 나무 앞에 서서 저 나무 평생을 어떻게 살았을까 어떻게 살아왔을까.

칼바람에 깃발처럼 젊은 날을 살았겠지만 결국 저 자리서 저렇게 나처럼 서 있는 나를 본다. 나무는 뿌리만큼 자란다고 했던가. 그러나 세상은 불수의근 바람에 흔들리는 그 깃발의 뿌리가 바로 히스테리시스인 것을.

경주 출생. 2008년《문장》신인상,《시와시학》으로 등단. 시집『물의 무늬가 바람이다』,『히스테리시스』출간. 대구예술상 수상.

봄날의 시

홀로 길을 걷다

필까 말까 망설이는

꽃 앞에 서서

당신이 말을 걸 때

꽃은 시가 되어 핀다

| 김 청 수 | 4월 넷째 주 |

시작 노트

 황량한 겨울을 지나온 앙상한 나뭇가지에 햇살이 봄을 안고 오면 물이 오른 연두가 입술을 내민다. 움츠렸던 육신을 끌고 길을 나선다. 멀리 흘러가는 강물과 물 위에 떠 있는 오리 궁둥이의 피아노 건반을 오랫동안 바라본다.
 그랬다. 엄동설한에도 꿋꿋하게 향기를 머금고 필까 말까 망설이다 말을 걸어주는 나에게 그녀는 시로 활짝 피어 반긴다. 내가 만나는 모든 사람이 봄날의 꽃처럼 환한 얼굴로 즐거운 노래를 부르는 하루가 되길 빈다.

1966 경북 고령 출생. 2005년 시집 『개실마을에 눈이 오면』으로 작품활동. 2014년 《시와 사람》 신인상 수상. 시집 『차 한 잔 하실래요』, 『생의 무게를 저울로 달까』, 『무화과나무가 있는 여관』, 『바람과 달과 고분들』, 『귀를 씻다』 출간. 고령문인협회장 역임, 대구의 작가상 수상, 전국계간문예지 우수작품상 등 수상.

학교 가는 길

길은 살아있네

그늘 숨긴 가로수를 당기며
가방 둘러멘 아이들의 바지 길이를 키우며

얼금얼금한 담장을 세우고
구멍 사이 덩굴장미를 피워 올리네

아이들이 담벼락에 붙어서서 꽃송이를 세네

더러는 가시에 찔리고 더러는 이파리에 베이면서
아악, 코를 떨어뜨리네

툭툭, 피가 돋네

한 송이 더 피어도 넘치지 않고 덜 피어도 모자라지 않아서
꽃들은 덤불 속에서 스스로 폭발하네

꽃술에 앉았다가 미끄러지는 마음아
날아오르는 나비야
사라질 듯 눈 속으로 달려드는 너는 어디까지 따라오려 하니

| 박 희 숙 | 4월 다섯째 주 |

먼빛으로 바래다주는 아슴푸레한 눈길

우체국 지나고 신호등 지나고
건널목 지나 학교 앞서야 멈추려 하니
꽃피고 바람 불고 경적이 일어나는 학교 가는 길

시작 노트

  학교로 가는, 살아있는 길을 만나게 된다. 바람 불고 소음이 일어나는 길 끝, 어느 인심 좋은 담벼락에 덩굴장미가 피어있다. 꽃들은 한 송이 더 피어도 덜 피어도 넘치거나 모자람이 없어 스스로 폭발하고 사그라진다. 누구나 우거진 장미 마중을 꿈꾸며 나아가지만, 꽃을 만날는지 가시에 찔릴는지 아무도 모를 일, 지금 바른 방향으로 걷고 있다면 길은 언제나 적절한 말을 건네고 적합한 꽃을 피울 것이다. 나는 오늘도 살아있는 길 위에 서 있다.

경북 경산 출생. 2017년 《시인시대》로 등단. 시집 『새벽 두 시의 편의점』 출간. 2021년 대구문화재단 창작지원 수혜.

하익조*를 보았다

무염, 청정한
그 백련 봉오리가 쑥 내민 새의 대가리였다니
푸드덕, 푸드덕거리며 물기를 털어내는 둥글고 넓은 잎이
한 방울의 물도 스며들 수 없게 기획된 날개였다니

하익조荷翼鳥,

푸른 날개를 퍼덕이며 수면을 치는 순간을 내게 들키고 말았다
용의주도했던 그 비상의 전조, 본의 아니게 내가 보고 말았다
찰나, 그 전설의 새는
아주 천연덕스럽게 연蓮으로 돌아가서는
무념, 하였다

*빗물을 털어내는 蓮의 잎이 퍼덕이는 새의 날개 같아서 어떤 새를 상상해 이름을 붙였다.

| 김은령 | 5월 첫째 주 |

시작 노트

　지난해 초여름, 이른 아침 가까운 연못에 연꽃 보러 갔다. 밤새 내린 비로 하늘은 깨끗해져 있고 연밭은 맑았는데, 난데없이 푸드덕, 푸드덕거리는 소리가 났다. 소리를 따라가니 커다란 연잎이 물기를 털어내느라 수면을 치며 퍼덕이는데, 그 소리와 광경은 비상을 시작하는 새의 날갯짓 같았다. 연잎을 새의 날개로 읽는 순간 내 눈앞에는 흰머리를 쑥 내밀고 둥글고 푸른 날개를 퍼덕이며 비상을 시작하는 새들로 가득했다. 생각만으로 장관이었다. 사물의 실체에 대해 종종 의심하는 버릇이 있다. 나는 그날 내가 본 그 연못은 하익조의 서식지이며, 내가 그동안 보아온 꽃봉오리를 쑥 내민 연蓮의 실체는 가끔 수면을 박차고 비상도 하는 새가 아닐까 생각한다.

1961년 경북 고령 출생. 1998년《불교문예》로 등단. 시집『차경』외, 장편소설『일연, 달빛으로 머물다』출간. 종합문예지《불교와 문학》주간.

고양이, 달

노란 보름달 속엔 옥토끼 아니고 고양이 한 마리, 두 마리
엄마가 아기를 안은 모습이지

길에서 죽은 아가들 건너가는 달나라
오늘은 그 모습 보이지 않네
망사 구름은 달이 내린 커튼

머리에 못 박혔던 아가, 목에 끈이 감겼던 아가, 자동차에 다쳐 죽은 아가, 실수로 한 쪽 눈멀었던 아가, 모두 울음 울러 하나님 앞에 가고

하나님은 우는 목숨들 달래주시고
엄마는 아가를 토닥토닥 잠재우지

| 김 상 윤 | 5월 둘째 주 |

시작 노트

　소가 불쌍 하지만 소고기를 끊을 수 없고 젖소가 불쌍하지만 우유를 끊지 못하는 나의 생명은 과연 어떻게 유지해야 그들의 희생에 미안하지 않게 살 수 있는 것일까? 집주변의 길고양이도 나를 미안하게 한다. 과거 70년대에 연탄을 재도록 설계되었을 우리 집 지하실은 예전부터 집주인의 관리를 벗어난, 길고양이들의 공간이었던 것 같다. 많은 길 동물들이 갖은 고난을 당하며 목숨을 이어가다 사고나 질병이나 학대로 빨리 죽는다. 동물들은 죽으면 어디로 가나? 그들은 죄를 짓지 않기에 분명 죄인보다는 좋은 세상으로 가야 한다. 이 세상에서 불행했더라도 죽어서는 평안히 그곳에 머물기를 바라는 마음으로 썼다. 모두가 마음속에 간직한 '엄마의 사랑'에 기대며…….

2002년《문학세계》로 등단. 시집『슈뢰딩거의 고양이』출간.

청보리밭

이 짐승은 온몸이 초록 털로 뒤덮여 있다
머리털부터 발끝까지 남김없이 초록색이어서
눈과 코와 입은 어디에 붙어있는지 모르겠다
초록 짐승은 땅 위에 거대한 빨판을 붙인 채 배를 깔고
검은 밭담이 꽉 차도록 엎드려 있다

이 짐승의 크기는 백 평 이백 평 단위로 헤아린다
크지만 순해서 사납게 짓는 법이 없고
검은 밭담 우리를 넘어가는 일도 없다, 만약
밭담을 말馬처럼 만든다면 짐승은 초록 말로 자라고
말은 초록 갈기를 휘날리며 꿈속을 달리겠지

바람이 짐승의 등줄기를 맨발로 미끄러져 다닌다
바람의 발바닥에 시퍼렇게 초록 물이 들었다
굽이치는 초록 물결 초록 머리채
짐승은 바람의 안무에 초록 비단춤

이 짐승은 일생을 돌아눕지 않는다
한 여자만을 사랑했다는 걸 보여주는 건
꼿꼿하고도 무성한 황금빛 수염이다
바람은 참빗을 들고 짐승의 수염을 곱게 빗어준다
짐승은 수염을 일제히 세우고

| 사 윤 수 | 5월 셋째 주 |

바람의 발바닥을 간질이며 논다
바람의 발바닥엔 그 짐승이 새긴 초록 문신이
아직 푸르게 남아 있다

시작 노트

   청보리밭을 제대로 감상하려면 수평선을 배경으로 둔 곳이 제격입니다. 현무암 밭담에서 자라는 청보리는 검은색과 초록의 대비로 더욱 회화적이지요. 그 위로 해풍이 불어올 때 청보리밭 예술이 완성됩니다. 그때, 밭보다 조금 높은 곳에서 내려다봐야 청보리밭의 군무를 온전히 감상할 수 있어요. 살아서 온몸으로 춤추는, 그 신비롭고 황홀한 초록 짐승의 젊은 날을 말입니다.

경북 청도 출생. 2011년 《현대시학》으로 등단. 시집 『파온』, 『그리고, 라는 저녁 무렵』 출간.

황소자리, 어머니

한 솥 곰탕을 끓이는데
뼛속에서 들끓는 울음소리 들린다
저 울음소리가 맑아지기까지
펄펄 끓는 불의 시간은
무릎을 뜨겁게 달궈온다
무쇠솥 바닥에 가라앉은 어머니
뼈와 살 다 내어주시고
여물처럼 질긴 생 풀어놓는다
구멍 뚫린 화석 되는 줄 모르고
뽀얀 국물 우려주시느라
소신공양 올리는 어머니

| 김 건 화 | 5월 넷째 주 |

시작 노트

  아무리 시로 쓴다 해도 모자라는 어머니 은혜지만 곰살맞은 딸이 못되어 전화도 자주 못드리고 바쁘다는 핑계로 자주 찾아 뵙지도 못하지요. 부모 노릇 자식 노릇도 제대로 하려면 끝이 없기에 부모 자식 관계도 적당한 거리가 필요하고 자식에게 기대하여 섭섭해하지 말고 부모 걱정만 덜어주어도 효도라고 생각해야겠지요. 자식에게 큰 부담을 주지 않으려면 노후 준비와 건강도 스스로 챙겨야 겠지요. 모쪼록 내 존재의 뿌리인 부모님을 돌아보는 오월이 되었으면 좋겠어요.

2016년 《시와경계》 신인상으로 등단. 시집 『손톱의 진화』, 『발랄한 거짓말』 출간. 2014년 동서문학상, 2018년 산림문화 공모전, 2022년 제9회 경북일보 청송객주문학대상 수상.

행복은 내 안에

열세 살짜리 손녀 노트 첫 장에 '행복은 내 안에'라고 쓰여 있다. 행복은 잡을 수 없는 파랑새라는데 어린 것이 참 당돌하다. 파랑새를 찾아서 산 넘고 물 건너 멀리 갔다가 허탕 치고 지쳐서 돌아왔더니 그 새는 뜰앞 나뭇가지에 앉아있었다는 시구가 생각난다.

문득 창밖에서 새소리가 들린다. 커튼 사이로 내다보니 곤줄박이가 난간에 앉아 햇살을 쪼고 있다. 방금 티비가 보여주는 거짓과 위선이 난무하는 뉴스에 속이 상했는데, 저 작고 예쁜 새가 쪼는 햇살이 얼핏 내 안에 부싯돌처럼 반짝이며 왠지 모를 생명의 기쁨과 황홀의 순간을 열어준다.

그렇구나 아이야, 행복은 산 너머 저쪽 파랑새가 아니라 지금 내 안에서 반짝이는 햇살이구나. 바로 여기 생생하게 살아있는 자신을 잊고 산 너머 저쪽만을 바라보는 어리석음을 깨닫게 해준 아이야, 지금 이 순간 내 안에서 너의 말이 부싯돌처럼 반짝인다.

| 이 진 홍 | 6월 첫째 주 |

시작 노트

　이 시를 읽는 분은 아마도 마테를링크의 〈파랑새〉나 칼 붓세의 〈산 너머 저쪽〉을 떠올리실 것 같습니다. 저도 역시 행복이란 산 너머 저쪽(피안)에 있어서 잡을 수 없는 것이라고 생각해 왔지요. 그런데 어느 날 우연히 어린 손녀의 노트에 적어놓은 "행복은 내 안에"라는 말(아마도 어디선가 베껴놓은 것이겠지만 어린이는 누구나 시인이지요.)이 웬일인지 가슴에 울려왔습니다. 그때 마침 우리 집 난간에 곤줄박이 한 마리가 날아와 햇살을 쪼고 있었는데, 그것이 마치 부싯돌처럼 반짝이며 왠지 모를 생명의 기쁨과 황홀의 순간을 열어주는 듯해서 그 느낌을 그대로 써 본 것입니다.

1945년 서울 출생. 1972년 《중앙일보》 신춘문예로 등단. 시집 『어디에도 없다』 외, 평론집 『진실과 감동의 언어』, 산문집 『신화 만들기』 외 출간.

이 풍진 세상을 만났으니

　겨울 강둑에 서서 당신의 이름을 부릅니다. 이 풍진 세상을 가로질러 강물처럼 흘러가고 있노라고, 마른 갈풀을 스치는 바람이 대답하는군요. 손을 길게 뻗어 당신의 얼굴을 만집니다. 이런, 약간 여위셨군요. 가는 주름 사이로 우수 어린 표정이 곱습니다. 대구의 외곽을 끼고 도는 금호강은 한세상 급히 건너고 있는 당신을 향해 흘러가고 있습니다. 부디 강물보다 느리게, 천천히 걸으십시오. 가슴을 열어 강물을 맞이하십시오. 가슴의 가장 깊은 속을 향해 오래 흘러가게 하십시오. 몇 마리 오리와 함께 흐르는 강물을 따라가노라면, 꽃 피고 새 우는 시절까지는 내 몸이 당신 몸 곁에 이를 것 같습니다.

김선굉　　6월 둘째 주

시작 노트

　눈앞에 한 권의 시집이 펼쳐진다. 시인은 자연이며 시집 제목은 금호강이다. 작품의 목록은 대강 이렇다. 오리, 왜가리, 물닭, 재두루미, 강갈매기, 물안개, 구름, 노을, 달, 별, 바람, 각시붕어, 수달, 멧돼지, 꿩, 갈풀, 여뀌꽃, 어리연꽃, 갈퀴나물, 갈대, 금계국, 개망초꽃, 쑥부쟁이, 왕골, 버들강아지, 물버들, 부들, 부레옥잠, 루드비키아, 물닭, 버들치, 새우, 피라미, 미꾸라지, 퉁가리, 다슬기, 강조개, 그리고 이루 헤아릴 수 없는 물풀과 물벌레들. 하나 같이 살아 퍼덕거리는 싱싱한 작품들이다. 물속에서, 물가에서 뭇 생명이 꿈틀거리며 생명을 구가하는 압도적인 서정이 펼쳐지고 있다. 자연이 펼치는 서정적 권력에 압도당하면서 내가 펴낸 시집을 펼친다. 비할 바 없이 초라하지만, 내 시의 행간에도 강물이 출렁거리며 흘러가고 있다.

1952년 경북 영양 출생. 1982년 《심상》으로 등단. 시집『장 주네를 생각함』, 『아픈 섬을 거느리고』,『밖을 내다보는 남자』,『철학하는 엘리베이터』,『나는 오리할아버지』, 시선집『술 한 잔에 시 한 수로』출간. 갤러리청라, 청라현대미술연구소 대표.

어리석은 봄날

걸어가는 길이
꽃으로 환하다
내 마지막 가는 길도 이랬으면
그러면서 드는 생각.
―니 지은 죄는 다 어쩌고?

| 구 양 숙 | 6월 셋째 주 |

시작 노트

떠나가는 일은 늘 생각은 한다. 하면서도 이쁜 것을 볼 때면 요렇게 까맣게 잊고 만다.

눈 뜨면 아픈 데가 하나씩 생겨나는 나이 먼 길을 걸어왔어도 어리석은 것은 언제나 모자람이 없다.

1991년 《우리문학》 신인상으로 등단. 시집 『봄날은 간다』, 『누구도 아닌 당신에게』, 『사랑은 늘 목마르다』, 『세상이 참 조용하다』 출간. 〈서설시〉 동인.

마음 들여다보기

겉으로 보이는 꽃봉오리만으로
수련을 다 안다고 말할 수 없지만

동글동글 떠 있는 수련잎 사이로
내 급한 마음이 천천히 몸을 풀어
뿌리 밑바닥까지 하얗게 시간을 우려낸다
깊은 진흙 속에 잠겨 있지만
물 밖의 부드러운 흙을 탐내지 않는다
혼탁한 물에 온전히 몸을 내맡기고
햇볕을 쬐는 꽃줄기를 부러워하지도 않는다
가라앉은 앙금 속에 자신을 가두고
온 세상의 더러움을 참고 삼킨다

드디어, 파란 정맥 같은 마음을
한 뼘, 두 뼘 키워내더니
온힘을 다해 꽃순을 밀어올리고 있다
그 불꽃, 눈부시다

| 손 훈 희 | 6월 넷째 주 |

시작 노트

　수련이 필 때면 괜스레 설렌다. 여고 시절 아침 조회 때 교장 선생님의 말씀. "진흙 속의 연꽃 같은 사람이 되어라." 그때는 그 말의 의미를 모른 채 흘려버렸다. 나이가 들면서 언제부터인가 호수에 피어나는 수련을 마주할 때면 나도 모르게 경건해지고 수련을 닮으려 마음을 가다듬어 보게 된다.

경북 문경 출생. 2009년《시와 시학》으로 등단. 인터넷 명문 에듀 리딩 편집. 훈샘 국어, NIE 독서논술 지도교사

소리의 문법

평면은 어떤 가정의 구조물
켜켜이 쌓인 시간의 단층에는
증발해 버린 발자국은 보이지 않는다

시간을 포개어 만든 역사 또한
완전 허구적인 불화의 퇴적물이다

평면과 시간이 결합하여
연출하는 별빛과 달빛 그림자는
천강지곡 게송의 운률이다

공간과 시간 바깥에서 본
우주의 그림자는 한 방향으로 비친
흔적이 아니라 가운데로 엇갈리게 퍼져 있는 그림자이다

| 이 상 규 | 7월 첫째 주 |

시작 노트

  나는 불치의 전율하는 그리움으로 시를 쓴다. 시를 잉태하는 시간이 옛날보다 차츰 길어진다. 나이 탓인가? 시에 대한 정신, 영감에 대해 더욱 존경받는 길을 걷고 있다. 사물과 정서의 본질을 꿰뚫어 보는 언어로 그림을 그리는 화가이자, 노래하는 소리 문법의 주인인 시인으로 살아간다. 시가 온전한 목적을 갖기 위해 시인의 몸은 부존의 존재일 뿐이다. 괜찮은 시 몇 편이 시인을 완성 시켜 주진 않는다. 시와 시인의 완성도는 별개의 차원이다.

경북 영천 출생. 1978년 《현대시학》으로 등단. 그 후 여덟 권의 시집과 문학언어 비평 책 두 권을 간행. 학술상과 문학상 수상.

야생화

그동안
못 본 척 지나쳐
미안하다

세상의 질문이 너무 컸기 때문이야

미련하게,
해답이 우주 뒤편에 이르는 길인 줄 알았어

| 김 호 진 | 7월 둘째 주 |

시작 노트

   발길 닿는 곳마다 피어 물결이 되는 야생화에게 미안해지기 시작했다. 이름조차 몰라 불러볼 수도 없어 꽃핀 둔덕에 이방인이 되어 서 있었다. 노을이 붉게 다독였지만 공허함이 겹쳐지는 미안함을 숨길 수는 없었다. 왜 난 오랫동안 먼 곳의 허공을 쏘다녔을까? 내 젊은 시절은 왜 사무치는 그리움 쪽으로만 이정표를 세워뒀을까? 발길을 어루만지는 한 무리 야생화 대신 왜 먼 곳의 별자리를 마음에 담았을까? 유성을 닮은 젊음 때문이었다면 설명이 될까? 꽃자리가 별자리임을 너무나 늦게 알아버린 탓에 노을의 어깨를 애써 붙들며 가빠 야생화의 이름을 물어본다.

1994년《심상》신인상으로 등단. 시집 『생강나무』, 『아흐레는 지나서 와야겠다』 출간. 건강문예지 〈초두루미〉 편집주간 역임. 제16대 대구시인협회 회장. 일연문학상 수상.

저수지

어둑해지자 밖으로 기어나온 우렁이는
물의 중심 그 두려움을 안다는 것이지

등에 짊어진 집과 산 그림자의 연결을 시도하다가
맥없이 쓰러지는 물풀

너의 목소리에 일일이 답해보는 건
뻐끔거리는 물과의 대화

지문 닳아가며 공들여 뜨던 나만의 스웨터가
투망처럼 던져지고 있다

| 권 분 자 | 7월 셋째 주 |

시작 노트

　물이 일렁이면 가로등도 일렁이는 것처럼 뇌 속 기억 창고가 만수로 위태롭다. 고향 청송 진보를 떠나와 대구에서 살기까지 달의 분화구에 수도 없이 나를 가두었다. 살아온 이야기에 달의 바짓단은 젖고 지구촌 어디를 가든지 거침없던 춤사위, 늘 미묘한 생각에 흔들리며 살았다. 한때 내 꿈은 만화방 할머니였다가 밤의 창가 어긋난 사랑에 중독되기도 했다는 헷갈리는 춤꾼 이야기에 홀쭉하게 울다가 탱탱하게 웃다가 달의 뒷면은 비밀의 바닥까지 드러내고 말았다. 쓸쓸한 소리가 흘러나오는 물의 결에 풍덩, 던져진 돌이 남긴 파문의 둘레를 본다. 내가 살아온 이야기는 뇌 속에서 깜짝 놀란 해마에 이식되고 있다. 실존하는 저수지와 끊임없이 비워졌다 채워지는 의식 속 저수지와 내 몸이기도 한 저수지는 어느 순간 누군가의 필요를 기다리며, 바닥을 가늠할 수 없는 깊이로 가두어져 있다.

《월간문학》으로 등단. 시집 『너는 시원하지만 나는 불쾌해』, 『수다의 정석』, 『엘피판 뒤집기』, 소설집 『출소를 꿈꾸다』 출간.

그 이름

투명한 하늘이 연못에 머무는 늦은 오후
연못을 반쯤 걸어가다
내가 말했다
꽃창포가 많이도 피었네
오리가 풀잎에 올라타 하늘을 쪼고 있었다

그건 붓꽃이라고 하던데
그 사람이 밑줄을 긋듯 느리게 말했다
푸른 띠를 두른 앞산 그늘이 못 가까이 내려오고 있었다

서둘러 한 바퀴 더 돌다 보았다
붓꽃이라 쓴 나무명패
어느 이름은 잠깐 열렸다 닫히기도 한다던데
그 이름은 어느 시간 어느 공간으로 나가는 길이었을까

저녁을 향해 오는 길들이 환해지고 있었다
발걸음이 가쁜 호흡으로 우리를 밀고 있었다

| 이 수 진 | 7월 넷째 주 |

시작 노트

봄 뜰 앞, 낚시 의자에 앉은 할머니는 말씀하신다. "내 이름 길남이는 원래 죽은 내 오빠 이름이야. 오빠가 난지 이태 만에 죽었거든. 내가 태어나 엄마 젖 먹을 때 엄마가 나를 길남이라 부르며 그렇게 울었대. 내 이름은 원래 순남인데, 아버지가 이태 지나 출생 신고하러 가서는 면사무소 앞에서 한나절을 서성이다 그냥 돌아오고 말았대. 내 이름은 순남인데……." 까무룩 잠든 할머니 무릎 위로 어디서 왔는지 모를 노란 꽃잎 하나 떨어져 있다.

2009년 《현대시》로 등단.

고요한 장독

끓어오릅니다 속이
하늘 땅 오가는 수천 년
내 속에 있는가 봅니다
시꺼멓게 앉아 있는가 봅니다

하늘로 오르지 못하고
땅에도 숨지 못하고
바보처럼 우두커니
한통속에서

하늘과 땅,
저 세상과 이 세상을 삭이느라
땅을 끌어안고
하늘을 바라보며
지금 묵언 수행 중입니다

| 신 영 조 | 7월 다섯째 주 |

시작 노트

끝이 났다고 끝이 난 것이 아니라는 말이 있다. 마찬가지로 가만히 있다고 가만히 있는 것이 아니다. 땡볕에서 장독은 치열한 수행을 하는 중이다. 누구도 눈치채지 못할 숨을 쉬면서, 땅을 지탱하여 중심을 잡고 하늘을 바라보는 심지에 불을 붙이고 있다. 우리도 그러하다!

2005년 《현대시학》으로 등단. 시집 『눈물을 조각하여 허공에 걸어두다』. 2016년 대구문협 올해의 작품상, 2023년 미래서정 문학상 수상.

하루에 두 번 수국에 대해 들었다

소문처럼 방치해두거나
멀리 잊기로 한 결심 너머를 짐작하는데
산성의 신맛과
알칼리의 칼칼함을 단정 짓는 습관에 마음을 쓰는데

연못가에 수국이 한창이더라고
내려다보기 좋은 수국이 붉은빛에 가깝더라고
아침에 들은 얘기는 길었다

무엇의 끝 같기도 하고 시작 같기도 한

밤에 들었다
길이 끝나고 산이 시작하는 곳에
엎지른 잉크처럼 푸른 끝을 보여주는 수국꽃이 폈더라고

흘려보낼 수도 없는 짙은 색은 또 무엇과 무엇이 뭉친 것인지

장마 들기도 전
꽃에 대해 먼저 말 꺼내는 사람은 외로운 사람이겠지
그러니, 언제 한 번 가요
그 말을 삼키고

권미련 8월 첫째 주

어디쯤
산성의 집을 빌려 푸르게, 한 며칠 살다가는 장마에 대해
그래서 수국인가

하지 무렵
혼자 머리 끄덕이게 되는 이야기를, 연거푸 들었다

시작 노트

   토질에 따라 꽃색이 달라진다는 수국에 대해 들었다. 그래서 그런지, 꽃을 보려는데 자꾸 뿌리가 움켜쥔 땅을 생각하게 된다. 붉은 꽃 속에는 눈웃음이 푸른 꽃 속에는 멍든 고요가 살 것 같다. 아주 가끔, 보이지 않아도 볼 수 있는 게 있다. 하지 무렵 꽃의 반경을 기웃거리는 사람들의 세상은 따뜻하다.

1958년 경북 봉화 출생. 2020년 《시문학》으로 등단.

풀잎

아무도 모른다
내 가슴이 얼마나 뜨거운지를
연초록 가슴 부둥키며
돌 틈새로 목숨 내밀고 있는 건

누군가 불덩이 같은 가슴
비집고 들어와
머뭇거리지 않고
서성대지 않고
숨기지 않고

내 생애에 불을 댕겨
지울 수 없는 자국으로 남을까
남겨버리지 않을까
겁이 나는지

| 박 주 영 | 8월 둘째 주 |

시작 노트

　예사로 지나치는 풀잎들의 소리를 우리는 잘 듣지 못한다. 작은 돌 틈새에서 뽕긋 고개 내미는 저들을 봐 달라고 하는 작은 손짓인 것을 우린 잘 알지 못한다. 우린 기억한다. 2005년 양양에서 강풍으로 번진 산불이 낙산사로 옮겨붙으며 엄청 큰 화재로 시커멓게 남아 있는 사찰의 모습을.
　무엇하나 남아 있지 않을 것 같은, 깡그리 휩쓸고 간 그곳에서 얼마 지나지 않아 "우리 여기 있어요" 여기저기 고개 내미는 모습들에서 질긴 생명력에 감탄을 마다하지 않았다.
　눈여겨보지 않는 골목길에서의 풀잎 오늘 한 번쯤 쪼그리고 앉아 풀잎들의 숨소리 한 번 들어보자.

대구 출생, 1995년 《심상》으로 등단. 시집 『문득, 그가 없다』, 『꿈꾸는 적막』 출간. 한국시인협회, 대구문인협회, 대구시인협회, 수성구문인협회 이사.

하중도에 가서

빼곡히 서서 한세상을 흔드는
코스모스, 그걸 보겠다고 몰려든
사람들 보면 꽃 아닌 사람
하나도 없지. 세상은 다 그런 거지.

코스모스로 서서 부는 바람에 온몸을
맡기고 흔들리고 쓰러져 보면
알게 될까. 세상 매운맛
사는 건 다 그런 거지

너도 그렇지 않니?

| 권 영 호 | 8월 셋째 주 |

시작 노트

 한 해의 반을 넘긴 여름날에 때로는 산으로 스며들어 고즈넉한 산사에 젖어 들기도 하고, 또는 인근 강가로 나가 외다리로 먹이를 기다리는 부동의 왜가리의 집중력을 보면서 멍때리기도 하고, 코스모스 행렬에 스며들어 목을 길게 뽑아 세우고 부대끼고 치이면서 흐르는 바람결에 꽃씨 몇 곱게 실어 나르는 꽃의 한 세상을 겪어 보노니, 꽃이나 사람이나 한세상 살다가는 건 매한가지. 너도 그렇지 않니? 하중도에 가서 보면.

경북 군위 출생. 1995년《문예한국》으로 등단. 시집『바람은 속도계가 없다』외 출간. 대구문인협회 총무이사, 대구시인협회 사무국장 지냄.

한인 식당 차림표

울면 안 됩니다
쫄면 더 안 됩니다
냉면만 됩니다

눈물 소금 머금고 있는
주인 부부의 기도문
천만번의 맹세

울면서 쫄면서 먹는
오싹 냉면 한 그릇

몰래 키워온 고향의 봄
복숭아꽃 살구꽃 동토를 녹인다

| 해 인 | 8월 넷째 주 |

시작 노트

 울란바토르, 황량한 도시 위로 사랑의 어혈인 양 비가 내린다. 여름 내내 비가 내리고 진주식당 아지매는 슬프다. 냉면은 몽골의 짧은 여름을 겨냥한 계절 메뉴이다. 홀에는 어깨 딱 벌어진 몽골 남자 두 명이랑 나뿐이다. 부디, 이 가을엔 행복 하시라. 울지도 말고 쫄지도 마시라. 고비사막에서 삶의 고비를 넘긴 사람은 품이 커진다. 근거도 없이 나를 모함하는 철없는 시인 할머니조차 웃을 땐 새끼 여우처럼 죄 없어 보인다.

1953년 대구 출생. 2012년《시와 시학》으로 등단. 시집 『시님이 무슨 죄가 있겠노』 외 출간. 해인인문학아카데미 대표.

가시연蓮

철없는 바람은 언제나 불안하다
그리고 그 불길한 예감은 적중했다
약속 장소에 그 아이는 나타나지 않았다

봄 가물어 설 여문 햇살은 닫힌 문을 열지 못한다
붉은 색등은 거미알 쓸어놓은 듯
암호 같은 지도만 그려 놓았고
따뜻한 불빛 차단된 방은
부풀다 만 별똥별의 부스러기 뿐이었다
세상의 푸른 신호등은 이 외진 방을
찾지 못하는 건지 외면하는 건지

둥지에서 버려져 어두운 곳을 배회하는 아이
꽃잎이 뜯겨 아픔은 남을지라도
스스로 일어나 날갯짓할 것을

구 옥 남　9월 첫째 주

시작 노트

　8월이면 진흙 속에서 가시투성이 잎을 뚫고 신기하게도 꽃대를 밀어올리는 가시연꽃을 볼 때마다 어른들에게 보호받지 못하고 거리를 방황하던 아이들을 생각한다. 청소년 보호관찰 위원직으로 봉사 활동을 하면서 나와 인연을 맺은 아이들 중 작고 예쁜 아이가 도주해 버렸다. 몇 명 팀을 짜 밤낮으로 찾아다니면서 세상 가장 어두운 곳을 목격했다. 나는 지금도 꿈속에서 가위에 눌리곤 한다.

대구 출생. 2003년《불교문예》로 등단. 현대불교 문인협회, 대구문인협회, 대구작가회의 회원.

삼화령 연화대좌

마침내 떠났다
무상無上도 무상無常일까
이 높은 곳의 자리
어디로 갔는지 아무도 모른다
아무도 몰라서 넓은 세상 꽉 찬 세상
있고 없음 또한 둘이 아니어서
누군가 지어 올린 차향茶香을 타고
능선으로 걸렸다가
허공으로 피어
바람으로 흩어진다
아무도 없어 무심코 지나치는 자리
비었지만 차오르는
사라진 느낌의 이 충만함
누가 누구를 떠날 수 있을까
머물다 흘러가는 구름 그림자에
새소리 반짝, 스미기도 한다

김 영 근　　9월 둘째 주

시작 노트

　흔적은 남아 있는 자취다. 경주 남산의 높은 고갯길에서 부처님의 흔적을 만나다. 무슨 연유인지 불상은 없고 텅 빈 자리만 남았다. 주머니가 비듯 허기가 질수록 기도는 절실해지는 법. 빈자리만 남았지만 충만한 무언가가 있다. 이 부재가 부처님의 구현 방식일까. 떨어지는 새소리마저도 중생의 절실한 기구로 스민다. 천년도 넘은 세월 저편, 충담 스님이 길일에 정성스레 차를 지어 올렸다는 기록이 남아 있는 곳이기도 하다.

1954년 대구 출생. 1993년 《시와 반시》로 등단. 시집 『행복한 감옥』, 『호퍼 씨의 일상』 출간.

백일홍

이슬에 얼굴 씻고 곱게 단장한 꽃아
바다를 잃어버리고 타는 노을에 기대어
피고 지고 또 피는, 생명이 긴 꽃아
너의 생명 하늘이 쉽게 준 것이 아닐진대
꼭, 태양값, 물값, 치루는 심정으로
별빛 값 달빛 값도 치루는 심정으로
달빛 으스름하면 누군가 아파서 울고 있음을 기억하고
붉게, 더 붉게, 위로하라

| 강 수 정 | 9월 셋째 주 |

시작 노트

  여름이 되면 산기슭이나 가로수로, 어디서나 붉게 피는 꽃 백일홍, 백 일 동안 피는 생명이 긴 꽃을 보면서 하느님이 특별히 준 생명이 아닌가? 태양 바람과 비 그리고 밤하늘 별빛과 달빛, 은혜받은 생명이 긴 꽃 그 은혜 환원하는 심정으로 달빛 으스름하면 세상살이에 지치고 사랑에 아파하는 사람들에게 붉은 열정과 희망을 담아 위로해 주길 염원하면서……．

2002년 《문학과 경계》 신인상 등단. 시집 『재즈가 흐르는 창 너머 비행기 한 대가』 출간.

가인

그대는 어느 봄날
나의 빈 정원에 환한 햇살로 다가와
메마른 가지에 잎을 돋우고 꽃을 피워 주었습니다

그대를 만나면
숲을 거니는 듯 온갖 나무 향기가 납니다
꾸미지 않아도 빛이 나고
늘 가지런히 정돈된 정갈한 마음에
나는 샘물처럼 덩달아 맑아집니다

그대를 만나
겸손과 배려 인품이 무엇인지, 제대로 알았습니다
말하지 않고 눈빛만으로 큰 느낌을 줄 수 있다는 걸 배웠습니다

그대는, 설익은 나를 영글게 하려 늘 햇살을 주고
모난 나를 다듬어 주었습니다
오래오래 그대와 함께 걸으며 세상 흘러가는 것들을 이야기하며
함께 곱게 곱게 물들었으면 좋겠습니다

| 김형범 | 9월 넷째 주 |

시작 노트

   가인佳人은 아름다운 사람이다. 주로 얼굴이나 몸매 따위가 아름다운 여자를 말한다. 가인은 애정을 불러일으키는 이성인 셈이다. 유물론적 입장에서 보면 외모가 아름다우면 성정도 그에 맞춰 따라간다고 볼 수 있다. 예쁜 꽃이나 앙증맞은 강아지를 비롯한 아름다운 것들을 보다 보면 잠시나마 기분이 좋아지고 마음이 정화되는 것을 느낀다. 가인은 존경하는 사람이고 사랑하는 사람이다.

1952년 충북 충주 출생. 2010년 《사람과문학》으로 등단. 시집 『내 꽃밭을 누가 흔드는가』 외 출간. 대구시인협회 이사, 대구문인협회 부회장

갓꽃

강둑에는
벚꽃이 활짝 피어
그늘마저 눈부십니다
강변에는
갓꽃이 지천으로 피어납니다
수수한 노란색으로
갓꽃은
보는 이의 마음을 밝힙니다
우리는 알고 있답니다
갓꽃의 쓸쓸한 외로움과
씹으면
톡 쏘는 맛을 간직한
풀잎들의 사랑을

| 서 종 택 | 10월 첫째 주 |

시작 노트

　편안하게 행복하게 사는 데는 학식 같은 것은 거의 필요하지 않습니다. 세네카도 건전한 정신을 도야하는 데는 학식은 별로 필요치 않다고 말했습니다. 재능이 없다면 평범하게 살면 되고, 그것 또한 훌륭한 일입니다. 나쁜 것은 재능도 없는데 마치 큰 재능이나 있는 줄 알고 설치는 사람들입니다. 사람의 훌륭함은 위대함 속에서가 아니라 평범함 속에서 발휘됩니다. 우리가 사는 실제 세계에서는 올바른 것과 올바르지 않은 것은 이어져 있습니다. 드라마나 영화처럼 좋은 사람, 나쁜 사람이 딱 나누어져 있지 않다는 말입니다. 그늘이 없는 인간 따위는 없으니 그저 평범한 삶이야말로 행복한 삶이라고 생각해 보는 것입니다.

1948년 군위 출생. 1976년 《서울신문》 신춘문예 당선. 시집 『보물찾기』 외 출간.

소싸움

자 봐라!
수놈이면 뭐니뭐니 해도 힘 인기라
돈이니 명예니 해도 힘이 제일 인기라
허벅지에 불끈거리는 힘 좀 봐라
뿔따구에 확 치솟는 수놈의 힘 좀 봐라
소싸움은 잔머리 대결이 아니라
오래 되새김질한 질긴 힘 인기라
봐라, 저 싸움에 도취 되어 출렁이는 파도를
저 싸움 어디에 비겁함이 묻었느냐
저 싸움 어디에 학연 지연이 있느냐
뿔따구가 확 치솟을 땐
나도 불의와 한판 붙고 싶다

황인동 10월 둘째 주

시작 노트

  어느 평론가의 말을 빌리면 "한국의 시는 여성화 되었다."고 한다. 남성 시인들이 쏟아내는 많은 시들이 수동적 내면 심리에 연연해 있다고 생각하는 것 같다. 나도 그런 편이지만 소싸움이란 작품은 3년 동안 직접 청도 소싸움장 사장을 지내면서 소싸움 현장에서 얻어지는 생생한 체험으로 풀어낸 감정의 분출이다. 허벅지에 불끈거리는 힘 그리고 비겁함을 향해 쏘아대는 그 콧김을 보면서 시의 소재로 삼았다.

1991년《대구문학》신인상으로 등단, 시집『작은 들창의 따스한 등불 하나』,『비는 아직 통화중』출간, 대구문협 수석부회장, 청도부군수, 청도공영공사사장 역임. 2018년 대구예술대상 수상.

모깃불이 있는 마당

 인진쑥 덤불은 연기를 피워대지 모깃불은 모깃불, 덜 마른 것들은 제 속으로 울지 모깃불은 모깃불, 옥수수 찜 솥뚜껑을 연 흰 연기는 농담을 모르지 모깃불은 모깃불, 제대로 태워보지도 못한 그리움의 그을음 묻은 모깃불은 모깃불, 게으른 바람 따라 사방 꼬리치다 할매의 부채 바람에도 주춤대는 모깃불은 모깃불, 장독대 옆 물봉숭아 같은 소문만 무성한 언니의 연애담 실어 나르는 모깃불은 모깃불, 여름밤 귀뚜이엔 귀뚜이가 없고 평상엔 평상이 없어 모깃불은 모깃불, 모시밭의 살모사 같이 고개 쳐든 모깃불은 모깃불, 오소소 소름 돋는 옛 얘기에 귀 쫑긋하는 모깃불은 모깃불, 땀내 나는 할매 삼베 적삼 팔베개도 잠이 드는 모깃불은 모깃불, 여름을 끌고 가을에게로 가는 모깃불은 모깃불

| 서 하 | 10월 셋째 주 |

시작 노트

연일 더위를 구워대던 여름도 처서의 손길에 밀려났다. 절기는 고장이 없다. 배터리도 필요 없다. 어째서 듣고 싶은 이야기는 모두 모깃불 속에 있었는지, 짠 하고 설레던 그 밤의 모깃불은 모기도 아니고 불도 아니었다. 모깃불 사이에서 설마 설마 하며 여름이 늙어갈 때, 모깃불이라는 말에는 다정이 있고 쉬어갈 자리가 있어 더위가 아무리 매워도 맵지 않았다.

경북 영천 출생. 1999년 《시안》 신인상으로 등단. 시집 『아주 작은 아침』, 『저 환한 어둠』, 『먼 곳으로부터 그리워지는 안부처럼』, 『외등은 외로워서 환할까』 출간. 2015년 대구문학상, 2020년 제1회 이윤수문학상 수상. 2016년 세종우수도서 선정, 2022년 대구문화예술진흥원 문학작품집 발간 지원금 수혜.

구름을 열면 내가 보였다

그러고도 몇 날 며칠
챔파꽃 뒤를 따라 다녔습니다

그제는 물까치가 피고
어제는 챔파꽃이 날아들었습니다

오늘은 물까치가 챔파꽃을 물고 내려와
숨겨둔 꽃가지 들키고 말았습니다

부러지지 않는 부리로
어찌나 나를 쪼아대는지

꽃가지 위 바람은 이미 달아나 버렸고
떠나지 못한 구름만 하늘 새새 떠있습니다

안쪽부터 환해지는 구름꽃
꽃가지 하나 꺾어 병에 꽂았습니다

| 최 애 란 | 10월 넷째 주 |

시작 노트

　먹장구름이 한바탕 변죽을 부린다. 병의 예후를 예견하라는 듯 어두워졌다가 밝아졌다가 알 수 없는 낯빛으로 다가선다. 불안까지 따라붙어 부추기는데 먹장구름 안쪽에 있는 뭉게구름을 보았다. 함께하는 몽환적 구름의 세계라니. 불안을 꺾어 노을에 꽂았다. 라고, 다잡았더니 타들어 가던 마음이 한결 고요해졌다.

2006년 《심상》으로 등단. 시집 『종의 출구는 늘 열려 있다』, 시 해설집 『그림자는 빛과 함께 있을 때 가장 빛이 났다』 출간. 대구문화재단 창작지원금 수혜. 제2회 이윤수문학상, 제11회 월간문학상 등 수상.

가끔은 나도

목젖 추스르는 새벽이슬 되어 나, 들길에 서고 싶다
등짐의 삶 새털처럼 내려놓고
외진 들꽃 세로 선 수줍음에도
깡충, 키 자란 갈대 의연한 몸놀림에도
내 생의 어눌한 손 마주 흔들며 가끔은 혼자이고 싶다
눈꺼풀 없는 구름 교대 없이 멈춰 굽은 등 펼 때
나무꾼이 타고 올랐다는 동아줄은 세속의 계단에 내려질까
날개 없이 잘도 휘도는 바람처럼, 닿고 싶은 그곳
미루나무 한 그루 이정표처럼 서 있었으면 좋겠다
땅으로 실한 뿌리박고 팔 벌려 그늘 만든 그 어디쯤
7년의 허물 벗고 거듭난 매미
하늘 가려도 모자랄 사랑 문장
수틀 같은 허공에 꽃수로 새겨
한 생이 짧을수록, 어둠 깊이 숙성된 영혼 하나로
갈등 없는 숲에 홑이불로 덮일 매미 울대처럼
가끔은 나도 들길의 지운 경계를 노래하듯
물구나무 선 그리움
수취인 없는 봉투에
말 없음의 부호 될 꽃씨로
밀봉시키고 싶을 때가 있다

| 신 윤 자 | 10월 다섯째 주 |

시작 노트

올려다 본 하늘이 청명한 어느 날 문득…….

2011년 《심상》으로 등단. 대구 시인협회 이사, 대구문인협회 낭송위원 회원.

가을 저녁

오늘은 비가 오고 바람이 불었습니다
길에 떨어진 나뭇잎들이 우수수 몰려 다녔습니다

그대에게 전화를 걸어도 신호만 갑니다
이런 날 저녁에 그대는 어디서 무얼 하고 계신지요

혹시 자신을 잃고 바람 찬 길거리를 터벅터벅
지향 없이 걸어가고 계신 것은 아닌지요

이 며칠 사이 유난히 수척해진
그대가 걱정스럽습니다

스산한 가을 저녁이 아무리 쓸쓸해도
이런 스산함쯤이야 아랑곳조차 하지 않는

그대를 믿습니다
그대의 꿋꿋함을 나는 믿습니다

| 이 동 순 | 11월 첫째 주 |

시작 노트

 몹시 삭막하고 힘든 세상살이를 그래도 견딜 수 있게 하는 것은 그 무엇보다 사랑과 염려의 마음이다. 그것은 가족, 친구, 연인 사이일 수도 있지만 내가 그 모든 관계로부터 절연되지 않았다는 안도감을 느끼게 한다. 이런 믿음이 있기 때문에 우리가 이 하루를 버티며 살아간다. 이마저 없다면 우리는 아무런 미련 없이 자신을 내던져 버리게 될 것이다. 그런 점에서 가을 저녁은 혹시 우리 주변에 삶을 포기하려는 사람이 없는지 조심스럽게 살펴보아야 할 시간이다.

1973년《동아일보》신춘문예로 등단. 시집『개밥풀』등 23권, 평론집『잃어버린 문학사의 복원과 현장』등 각종 저서 90권 발간. 신동엽문학상, 김삿갓문학상, 시와 시학상, 정지용문학상 등 받음.

부겐베리아

빽빽한 꽃의 눈길이
아프게 내 눈을 찔러온다

인도네시아 암바라와
멀쩡하던 정오의 하늘을
빗줄기가 긁고 갈 때
돌아갈 곳을 잃어버린
조선 위안부 소녀

쪼그려 앉아 발을 씻다가
훌쩍훌쩍 울고 있다

박윤배 11월 둘째 주

시작 노트

 몇 해 전 자바지방 암바라와를 여행하다가 만난 이 꽃은 멀쩡하던 하늘에서 한줄기 소낙비가 지나간 뒤, 마치 나를 좀 데려가 달라는 표정으로 나를 맞았다. 지붕 처마에서 떨어져 흐르는 물에 발을 씻으면서 나를 올려다보는 듯한 그 날의 표정이, 기억의 한 모서리를 오래도록 붙들고 있는 이유는 뭘까?. 꽃의 뒤편 가축의 축사처럼 보이는 슬레이트 지붕 건물은 3평 크기로 칸칸이 구획된 성노예 현장이다. 침상 하나와 수돗물이 담긴 웅덩이가 전부인 그곳에는 2차대전 당시 일본군 성노예로 끌려온 조선의 소녀들이 있었다. 최근 소식에 의하면 저 아픈 역사의 현장은 인도네시아 정부에서 허물어 버렸다고 한다. 그러나 다행인 것은, 당시 일제에 강제 징용되었던 한국인 청년 몇이 세력을 규합, 고려청년단을 조직해 일본군에 항거하다 산화한 열사들과 성노예 소녀들을 추모하기 위해 한인회에서 비 세울 제반 준비를 마쳤다고 한다. 아픈 역사의 현장을 영구히 기억하기 위한 노력에, 격려와 축하를 보낸다.

1962년 강원도 평창 출생. 1989년 《대구매일》 신춘문예로 등단. 시집 『나의 알약들』 외 다수 출간.

빈손

세월이 가면 앉은뱅이가 되네.
낮게 내려앉아
서나 앉으나 매한가지

나지막한 자가 되어
그들만의 언어 알아듣지 못하고
저들만의 찬란한 세상, 볼 수도 없어
봐도 모르고 안 봐도 다 아는데
당달봉사가 되었네.

다 내려놓고 갈앉으면
한세상 끌고다닌 이 몸
마음도 한없이 깊어져
되는 것, 안 되는 것도 없어
내 안에 아무것 없으면
모든 것 있는 곳에 내가 있다네.

문 차 숙　11월 셋째 주

시작 노트

젊은 날은 왜 그렇게 뻣뻣하게 서서, 우뚝 서서 남의 눈에 띄게 하려 했는지? 또 왜 그렇게도 모든 것이 관심사여서 많은 말을 하고 많은 것을 보려 했는지, 다 부질없는 것을. 시간이 지나면서 자기를 내려놓고 보면 오랜 세월이 지난 후 아주 조금 알게 되는 것을, 세월은 그냥, 헛되이 가는 게 아닌 것을.

1965년 경북 성주 출생. 1990년 《시문학》으로 등단. 시집 『나는 굽 없는 신발이다』 외, 시조집 『자화상』 출간. 제3회 전영택문학상 수상.

발가락에 대하여

보도블럭 위를 알짱거리는
비둘기 발가락을 무심코 본 후로
종종걸음 멈추고 안쓰럽게 세는 버릇
발가락 하나가 잘리고 없는 놈
그나마 둘 달린 놈
드물지만 한쪽 발가락을 다 잘리고
뒤뚱거려 애 쓰이는 녀석도 보인다
배고픈 날 서대구공단 야적장을 뒤진 모양이다
명줄만큼 질긴 나일론 실에 걸렸을 것이고
올가미에 졸려 질식된 발가락이 말라서 떨어진다
작두에 잘린 할머니 집게손가락이 보인다
겨울이면 그 손가락이 시려 콧김 호호 쐬면서
손발이 성해야 벌어먹기가 수월하다는 넋두리
잠금장치에 갇혀 군말 없던 내 발가락들
곰팡내로 밀폐된 독방살이를 이제는 알겠다
밥벌이에 골몰해 손가락 발가락 내 줄 뻔했던 일
바쁜 걸음 멈추고 비둘기 발가락을 보다가
내 손발의 품삯이 얼마나 송구스럽던지
엎드려 꼼지락거리며 경건하게 아는 체해 본다

| 박 언 숙 | 11월 넷째 주 |

시작 노트

　가게 앞에 먹이를 찾아서 날아오는 비둘기가 있었다. 과자부스러기를 던져주었더니 가족인지 친구일지 모를 다른 비둘기들을 데리고 날아오기도 했다. 먹이를 주고 비둘기들을 가만히 보고 있자면 윤기가 반들거리는 털에 비해 발가락 잘린 비둘기가 더러 있었다. 하루는 양쪽 발이 줄에 걸려서 걸음걸이가 몹시 불편한 녀석이 보였다. 급히 뜰채로 사로잡아 발목에 걸린 낚싯줄부터 잘라주었다. 낚싯줄에 조인 발가락 두 개는 이미 까맣게 말라붙은 것을 가위로 잘라내 주었다. 그 후부터 물끄러미 나는 내 손과 발가락을 들여다보았다. 그리고 비둘기들의 발가락을 자꾸 헤아리는 버릇이 생겼다. 살면서 자주 비둘기 발가락이 나를 긁어댄다. 내 손발의 품삯이 송구스럽다고 깨닫게 해준 그 비둘기를 지금도 생각하곤 한다.

경남 합천 출생. 2005년 《애지》로 등단. 시집 『잠시 캄캄하고 부쩍 가벼워졌다』, 『여기는 동지입니다』 출간. 제5회 이윤수문학상 수상.

수련

주섬주섬 챙겨넣은 호주머니
속에서

물의 주름살이 만져졌다

호수 위에 깔리는 물살은 그냥 두고

바닥의 진흙에 숨겨진 반란의
꿈이나 건져올려 볼까

토우의 눈 속에 담아둔 기도가
뜨겁게 꽃으로 핀다

| 김 루 비 | 12월 첫째 주 |

시작 노트

*진흙탕 속에서 긴 인고의 시간을 보내고 쏙
얼굴을 내밀어 꽃을 피우는 우리 아닌가!*

서울 출생. 2016년 《문장》으로 등단. 시집 『빨간 사과는 열쇠 가게다』 출간. 이상화문학제 수상.

눈 내리는 마을

겨울숲 가, 작은 새의 날개는 깃털을 잠재우고
눈 내리는 마을에 들어가
도처에 눈뜨고 있는 잠을 감싸고 있다.
한 점의 불씨 사랑을 녹이지 못하고
낮은 지붕 위로 서성이는 바람 한 줄기,
연기 한 줌 날려 보낸다. 눈밭에서
젖은 노래 부르는 자여, 마른 가슴에 눈꽃 맞으며
맨몸을 털며 몸살 앓는 눈.
누운 자리 뒤켠에 와 머무는 웃음소리
천 근의 무게로 누르면
언덕 아래로 꿈은 부서져 내리고 있다.

오후 한때, 식솔 데리고
젖은 꿈 한 삽 퍼말리면
공허한 가슴 가장자리에 떨어져 쌓이는 선율
눈 내리는 마을에 뿌리를 묻는다.

| 홍 승 우 | 12월 둘째 주 |

시작 노트

　대구는 겨울에 눈이 잘 내리지 않는 도시다. 유년 시절, 눈 내리는 마을을 늘 동경했다. 겨울은 생명과 사랑을 잉태하기 위한 기다림의 계절이다. 푸른 청춘 때 보았던 영화 〈닥터 지바고〉의 설경과 주제곡인 "라라의 테마"는 서정적인 분위기를 자아내고 큰 울림을 주었다. 그리고 윤동주 시인이 사랑하고 존경한 백석 시인의 '자야'라는 애칭과 함께 〈나와 나타샤와 흰당나귀〉라는 시가 태어나서 평생 만나지 못한 그들의 이별 끝자락에 '길상사'가 세워졌다. 눈 내리는 마을은 늘 꿈꾸고 생각 했던 행복한 세계를 식솔들이 있기에 아름답고 더욱 행복하다.

경북 경주 출생. 1995년《동서문학》신인상으로 등단. 시집『식빵 위에 내리는 눈보라』출간. 2014년 한민족작가상 본상, 2015년 중국 시향만리문학상(해외상) 수상.

향

범정 같은 정갈한 꽃스님 품새로
법정같이 향기로운 글 쓸 수만 있다면
천년 향나무 껍질 애써 지닐 까닭 있을까

너는 솔로
나는 절로
를 선언

편백나무 싱글침대 들여
피톤치트 향유를 꿈꾸는 절 방 흉내내어
소박한 사치 꾸려
든 솔로의 신방

편백의 피톤치트 향기는 삼일천하로

서가는 찌그러지고
책들은 쓰러진 채 고서점 늙은 곰팡이들 초대하여
잔치판 질펀하게 벌이는지
방안 가득 만개한

퀘퀘한 내음

신 표 균 12월 셋째 주

시작 노트

　도동 측백나무숲과 이웃하여 비碑가 시를 쓰고 있는 동산과 여러 해를 어깨 겯고 오가며 백향栢香을 쐴 만큼 쐤음에도 여태 곰팡내 풀풀 풍기는 작품과 씨름하면서 얼핏 창경궁 근정전 큰 마당에 두 줄로 정일품에서 종구품까지 서차대로 도열하고 있는 품계석에서 풍겨 나오는 인품의 향기 급수와 뙤약볕 아래서 땀 쏟는 환경미화원의 형광 빛 번쩍이는 젖은 조끼에서 뿜어 나오는 향내의 급수를 비교 연상한 적이 있다. 2024년 8월 나주 불회사에서 꽃스님으로 널리 알려진 범정 스님과 함께 국가 유산 청 주최 사찰 경관림 숲 동참하면서 뜨거운 삶을 향유하는 모든 존재들의 본성 또한 천사의 향임을…….

경북 상주 출생. 2006년《유심》신인상, 2007년《심상》,《포스트모던》신인상으로 등단. 시집 『어레미로 본 세상』,『가장 긴 말』,『일곱 번씩 일곱 번의 오늘』, 논문 『김명인 시의 길 이미지 연구』 출간. 대구문인협회 부회장 역임, 달성문인협회 창립회원, 회장 역임(현 고문), 도동시비동산운영회 2.3대 회장(현 명예회장).

사랑

우린
저 강물과 같아서
서로의 수심水深을
두려워하지 않을 때
비로소
유속이 생긴다

앞서거니
뒤서거니
밀고 당기고
마침내
깊이에 다다른다

| 심 강 우 | 12월 넷째 주 |

시작 노트

    강이 두려운 것은 그 속을 알 수 없기 때문입니다. 강의 윤슬은 그러한 두려움을 일거에 무화시킵니다. 그(그녀)를 외면하는 것 또한 그 속을 알 수 없기 때문입니다. 그리고 상대의 얼굴에 윤슬과 같은 미소가 어릴 때, 그 미소 아래 진실이 관류하고 있음을 알 때 비로소 두 팔을 벌릴 수 있습니다. 합수된 흐름의 깊이를 계량화할 수는 없습니다. 아니, 그럴 필요가 없습니다. 사랑은 더하고 빼고의 문제가 아니라 '있음'의 문제이기 때문입니다. 있음으로 완성되는 사랑. 세상이 그런 공식으로 영위되기를 희구합니다.

2013년 제15회 수주문학상으로 등단. 시집 『색』, 『사랑의 습관』, 동시집 『마녀를 공부하는 시간』 외, 소설집 『우리가 우리를 버리는 방식』 외, 동화집 『꿈꾸는 의자』 외 출간.

노숙
―겨울 사색思索

겨울숲에는 미처 떠나지 못한
쪼그라든 가을 어둠이 모여 숲으로 들어오고
강 건너 불빛의 건더기를 뚫고 단숨에 달려온
된바람이 숲으로 들어와
동굴의 입구 같은 싯푸른 달을 불러 앉힌다

앙상한 가지들은 흔들림을 멈추고
노숙을 택하고 앉을 자리 고르던
이들을 가리지 않고 죄다 먹어 치우곤
밤새 수런거리다 깊은 꿈속으로 떠난다

마른 꽃대 사그락거리는
한 평쯤 되는 소리는
먼 그리운 이의 새벽꿈으로 보내어져
애절히 창을 두드리는데
겨울 숲을 걸어나온
아직 거무튀튀한 날개 달린 새벽은
간명히 차려입은 길 위에서
잃어버린 마른 꽃대 소리를 찾아 나선다

우영규 　12월 다섯째 주

시작 노트

 캄캄한 밤에도 그 어둠과 한동안 교감하다 보면 주변이 훤해진다. 아니 굳이 주변을 볼 이유가 없다. 그냥 그대로 눈을 감아도 좋겠다. 주변 모두가 내 안에 있으니 따로 봐야 할 순서를 정할 이유가 없다. 고요를 닫아걸고 내 안을 담아 밖으로 내놓고, 내 안을 열어놓고 이 고요와 함께 있으면 밖이 가득하다. 그제 야 어둠은 어둠이 아니라 광폭의 검은색 천이다. 그래, 이제 어둠 속에서 끙끙 앓지 않아도 되겠다.

1984년 《대한매일일보》 신춘문예, 1989년 《시맥문학》으로 등단. 시집 『꼰대』 등, 평론집 『시문학과 언어』 등, 산문집 『싱커페이션』 등 간행. 책나무출판사 주간.

2025
함께 꿈꾸는 시

1월_	박진형	서영처	서 담	심수자	
2월_	전영숙	정유정	김복순	김민정	
3월_	이태수	신중혁	정 숙	김병해	손준호
4월_	박복조	정경진	전병석	이규리	
5월_	주설자	홍준표	정 훈	최지원	
6월_	조두섭	이희명	한상권	노진화	김용락
7월_	황태교	전태련	이유선	전기웅	
8월_	김진희	백 지	엄혜숙	안용태	
9월_	박정곤	김광숙	송 화	이수화	박종해
10월_	박금선	방종헌	주혜린	김도영	
11월_	정경자	박언휘	문성희	기해온	
12월_	이종암	숲하루	김정아	윤성도	김종태

샤갈의 마을

히브리어 시편을
나는 읽지 못한다
까막눈이 예수도
한글 시편을 읽지 못한다
낮게낮게 모국어의 눈이 내려
지상의 낮은 골짜기를 적시고
뼈다귀만 남은 포도나무 감싸안는다
철사줄 십자가에 묶인 아기 예수가
안으로만 흐르는 고드름 오려 붙이면
포도나무는 연신 초록불 켜대고 있다
가죽 성경은 낡고 낡아서
배고픈 새끼 염소가 뜯어먹는다
식은 지 오랜 구들장에
아내는 가난의 시편으로
장작불을 지피고

| 박 진 형 | 1월 첫째 주 |

시작 노트

어느새 12월이다. 소설이 지난 초겨울날, 샤갈의 마을 가까이에 눈이 내린다. 눈은 내려서 시인의 여윈 몸을 적신다. 모국어로만 내리는 눈은 잎이 다진 포도나무 철조망에 못 박힌 예수의 형상을 지운다. 그러므로 가죽 성경은 나달나달 배고픈 새끼 염소가 뜯어먹으리라! 까막눈인 시인이 지쳐 잠들면 아내는 가난의 시편으로 오래 식은 구들장을 장작불로 데운다. 그러므로 가난의 한글 시편도 눈이 되어 내리리라.

1985년《매일신문》신춘문예, 1989년《현대시학》으로 등단. 시집 『몸나무의 추억』, 『풀밭의 담론』, 『너를 숨쉰다』, 『퍼포먼스』, 『풀등』, 『고마 됐다』, 『물생간』, 시선집 『길은 헐렁한 자루 같다』 출간. 대구문학상 수상.

건기

숲속엔 비껴드는 햇살
구름이 흘러가고

낚시꾼이 거울을 깨고 못의 아가미를 낚아 올린다

세 갈래 길이 만나는 곳에서 북북서로 방향을 틀면

차일 아래 관계 증진을 위한
거짓말쟁이협회 회원들의 정기총회가 열리고
박수 소리 들려오고

불행이라곤 모른 채 머리를 맞대고
오순도순 잠드는 무덤들

적막한 꿈속으로 베일을 쓴 여인이 지나간다

네게로 가는 길목에 파놓은 여덟 개의 구덩이에서
이상한 소리들이 흘러나온다

구덩이 앞에서 발을 구르면

어둠에 방치된 이야기들이 머리를 풀어 헤치고 나온다

| 서 영 처 | 1월 둘째 주 |

이곳을 배회하다 추락한
구출을 원치 않는 자의 신음 소리를 듣기도 한다

구덩이에 뿌리 내린 나무들이 사람의 말을 흉내낸다

이 구덩이를 극장이라 부르기도 한다

몇 달째 비가 내리지 않은 곳
매운 먼지 냄새

균열이 생긴 리코더가 쪼개진다

시작 노트

건기
여덟 개의 구덩이는 피리의 여덟 개 구멍이다.
건기는 여덟 개의 구멍 속에 숨겨진 숲과 사람의 이야기다.

2003년 《문학 판》으로 등단. 시집 『피아노 악어』, 『말뚝에 묶인 피아노』, 『악기들이 밀려오는 해변』, 산문집 『지금은 클래식을 들을 시간』, 『노래의 시대』, 『가만히 듣는다』, 연구서 『조명암 시 연구』 출간. 계명대학교 타불라라사 칼리지 교수.

우주 팽이

유성우나
떠돌이 혜성의 큰 충돌에도
철심 하나 없는 우주 팽이는
비탈길 기울기로 돌고 크게 돌며 공전 길 가네.

나름 강한 두 다리로
하루하루 돌며 세상 길 가는
직립보행 내 팽이는
작은 바이러스 침투에도
몇 달간 자전을 멈추는데.

무심한 우주 팽이는
끝 모를 끝을 향해
돌며 가며 크게 돌며
오늘도 황도길 따라
도법자연道法自然의 큰 탑돌이 하네.

서 담 1월 셋째 주

시작 노트

나는 늘 크고 작은 병균과 친화적인 종합병동이었다. 하여 태양계 행성들의 건강한 팽이 놀이 같은 자전이나 공전 등 대자연의 섭리는 늘 경외의 대상이었다. 빛의 신비, 중력의 신비, 물의 신비, 생명의 신비 등등. 대우주 〉 관찰 가능 우주계 〉 지역클러스터 〉 처녀자리 계 〉 지역 은하 그룹 〉 은하계 태양 행성 그룹 〉 태양계 〉 지구 〉 6대 주〉 아시아〉 동아시아 〉 대한민국 〉 대구광역시 〉 동구〉 팔공산자락 〉 소우주 인간〉 티끌 같은 나, 나를 포함한 중생들아, 잘 났다고 함부로 부산 피지 마라.

2001년 《시와 사람》으로 등단. 1987년 한국예총 주관 제9회 예술문화비평 신인상 당선. 저서 『음악문화의 재정립을 위한 사회적 반성』 등 출간. 사단법인 한국현대민화협회 대표이사, 담갤러리 관장.

출구와 입구 사이

달리는 탑골行 전철에서 이젠 내려야 할 때

물 위 동동 떠다니는 하얀 껍질들이
소복하게 모여드는 탑골공원은
할아버지 할머니들의 쉼터

길에서 뾰족한 시간에 쫓기느라
숨 가쁘게 들려오는 풀벌레 소리도
귓가에 들여앉힐 여유조차 없이 동동거렸지
빠르게 빠져나가는 햇살 가두느라
가파른 논두렁 밭두렁 사이를 맨발로 누볐지

새끼들에게 속살까지 남김없이 파 먹힌 우렁이처럼
빈껍데기만 남아 동동 떠다니는 저들
온몸 진이 다 빠진 채, 지하철 출구 무리지어 빠져나가
또 다른 어둠의 입구로 빨려드는 껍데기들

내 몸뚱어리 살도 다 파먹혀
소리 없이 물 위로 떠오를 일만 남았으니
시려올 대로 시려오는 나의 뼈마디
우두둑 우두둑 내려앉는다

| 심 수 자 | 1월 넷째 주 |

시작 노트

동네 골목 끝 안쪽, 노인정이 있어 집 앞을 오가는 할머니 할아버지들을 자주 본다. 지나가시다가 힘이 들면 걸음을 멈추고 대문 앞으로 난 계단에 앉아 쉬기도 하신다. 못다 한 지난至難한 삶의 여정을 하늘 여백에 마저 풀어놓기라도 하시는지 양손으로 지팡이 곧추세우고 입 꾹 다문 채 망연한 눈빛으로 하늘을 올려다보기도 하신다. 도시에서도, 시골에서도 허리 휘도록 자식들 먹이고 입히고 공부시켜 짝지어 떠나보내고 나면 결국, 모두 빈 껍질로 물 위 동동 떠다니는 논우렁이로 남는 것 아닐까. 나 또한 그러한 길로 가고 있다는 것을 가을 끝자락에 닿고 나서야 알았으니 추수 끝난 들판처럼 가슴 안쪽이 휑하다.

2014년 《불교신문》 신춘문예로 당선. 시집 『술뿔』, 『구름의 서체』, 『가시나무 뗏목』, 『종이학 날다』, 『각궁』, 『오후의 점술사』 출간. 2023년 문화예술진흥원 창작지원금 수혜.

쌀 한 스푼의 무게

빈 가지에 참새 떼가 우르르 날아듭니다

여전히 빈 가지입니다 참새 떼를 어디다

숨겼는지 나무는 흔들리지 않고 고요합니다

들여놓은 공중의 틈을 조심스레 벌리면

거기, 세상을 들어 올리는 작은 새

쌀 한 스푼의 무게가 나뭇잎 진 자리를 누르고

있습니다 지혈을 하듯 꼭 누르고 있습니다

위잉 울던 바람도 내 안의 상처도 잠잠해집니다

전 영 숙　　2월 첫째 주

시작 노트

　한 줄기 바람에도 나무는 떨었다. 바람이 스칠 때마다 나뭇잎 떨어진 자리가 쓰라렸던 것이다. 그토록 많은 상처의 안부를 매일 날아 와 묻던 작은 새, 쌀 한 스푼의 관심이 먼 훗날 잎을 매달고 꽃을 피울 것이다. 온전한 사랑은 작은 힘만으로도 기적을 일으키기에 충분함으로 세상은 작고 여린 것의 보살핌으로 오늘도 충만하다.

경북 김천 출생. 2019년 《시인시대》로 등단. 시집 『나팔꽃이 입을 다무는 때』 출간. 〈물빛〉 동인. 2022년 대구문화재단 문학 작품집 발간지원 수혜.

야생

 자동차들이 색색의 야생들을 태우고 도시의 검은 들로 질주한다 거기 본보기를 들려주려 사이렌 앵앵거리는 또 다른 자동차의 주인은 쫓아갈 생각도 멈출 생각도 없이 느릿느릿 손을 올린다
 길들여진 야생은 고스라니 하루 일당을 바친다 앵앵의 높은 주인은 하품처럼 길고 맛있는 순간을 모아 시간을 채운다

 야생은 언제나, 마땅히 위반이 있다 견디지 않으면 안 되므로 사망자를 따라갈 수 없으므로 초원의 야생들은 안락한 강가를 치지만 구실이 없다 강가의 모든 벽이 허물어졌다 꾸물거림으로 무리를 위반한 어린 본능은 앵앵거리는 다른 본능에게 말없이 몸뚱이라는 전 재산을 내준다 남은 야생들은 강물이 흙빛이라 붉은 피는 보지 못했다

 숫자를 잘 타고 난, 너무 게을러서 아직도 죽지 못했다는 구십 여덟 야생은 텔레비전 화면의 야생들과 맞닥뜨리자 두 눈 부릅뜨고 몸을 움츠렸다 그는 아무것도 위반한 게 없으므로 떳떳하다고 말했으나 어제는 틀니를 변통에 빠뜨렸고 오늘은 밥을 다섯 번이나 먹었으며 양말을 짝으로 신었다고, 옆에서 앵앵거리며 할머니아내는 말했다 예전에 써놓았던, 곧 저 세상으로 가겠다는 각서를 내주자 할머니아내는 입을 다물었다

정 유 정　　2월 둘째 주

시작 노트

지구상에 존재하는 생명들은 모두가 야생이다. A.I가 세상을 바꾸어 놓으려 하지만 자연을 정복할 수는 없다. 자연이 탄생시킨 야생들은 시간이 지나면 죽는다. 그러나 삶에 대한 대가는 정확히 치러야 한다.

경북 포항 출생. 1992년 《현대문학》으로 등단. 시집 『보석을 사면 캄캄해진다』, 『아무도 오지 않았다』, 『셀라비, 셀라비』, 『하루에서 온 편지』 등 출간. 2021년 대구시인협회상, 2024년 금복문화상 수상.

담쟁이

절벽을 오르는 길
두려움이 없다

한 걸음 내딛는 것도
삶의 전부인 양
치밀한 목표로 딛는다

높이
더 높이 올라가려는
담쟁이의 생애
기꺼이 등 받쳐주는 그 절벽
희망이고 꿈이다

산다는 건
저마다 혼신을 다하며
보이지 않는 외벽을 타는 일

김 복 순   2월 셋째 주

시작 노트

일출보다 먼저 새벽산을 오른다. 찬바람이 연인처럼 와락 품에 안긴다.
묘한 설렘에 숨이 차다

경남 함양 출생. 2010년 《시선》으로 등단. 시집 『정(情)수리 센타를 찾습니다』
출간. 현재 초등학교 방과 후 강사.

윤시월

파묘!
세 번 외치며
봉분 정수리에 삽의 정수리가 깊게 박혔다
무덤가 나지막한
소나무 그늘에서 노랑나비 두 마리
날아올랐다
칠성판 흰 그늘 위에서
오래된 놀이 퍼즐 맞추기를 하는
아비였던,
어미였던,
우주의 혀가 뽀얗게 살을 발라낸 적멸의
말씀들
듣고 있는 나여,
툭툭 끊긴
발가락이었던 마지막 퍼즐 한 조각
집어든
우주의 긴 손가락 도깨비바늘
내 긴 치맛단을 잡아당겨
구름 한 점 없는
새파란 하늘 시접으로 감아 눈부시게
공글리고 있는,

| 김 민 정 | 2월 넷째 주 |

시작 노트

눈을 감으면 귀가 열리고, 귀가 열리면 고요해지고, 고요해지면 눈이 열린다는데……. 달과 해가 잠시 내어준 윤시월 짙푸른 하늘 속으로 사라지는 노랑나비 두 마리. 일순, 어두운 내 눈을 스쳐 간 영원이었습니다. 긴 치맛단을 바느질하며 집에까지 따라온 도깨비바늘, 대대손손 영원이 가득하겠습니다.

1995년 제1회 한국여성문학상 대상, 경주문학상 수상.

먼바다, 파도

포구의 야트막한 언덕에 앉아서
저녁 바다를 바라본다
등대에 불이 켜지고

고기잡이배 몇몇이 포구로 돌아온다

파도는 쉬지 않고 마냥
바다의 속살을 닦고 있는 것일까

멀리 희미하게 보이는 섬들 사이
나도 조그만 섬이 된다

섬이 된 채 불러도 돌아오지 않는다

먼 곳에서 가까이로
끝없이 밀리는 파도는
바다의 속살을 닦고 있는 것 같다

| 이 태 수 | 3월 첫째 주 |

시작 노트

　먼바다가 바라보이는 낯선 포구에 홀로 깃들어 속절없이 떠도는 나를 찾아 나서 본다. 날마다 길을 나서지만 어디로 가는지, 가도 가도 언제나 거기가 거기인 것만 같아 꿈에 날개를 달아 보아도 부질없다. 이 포구의 사람들은 먼바다가 생존(생활)의 현장이라 거의 날마다 배를 타고 조업에 나서겠지만, 어떤 생각들을 하면서 살아가고 있을는지? 하지만 고기잡이배들이 돌아오는 모습을 바라보는 아낙네들의 얼굴 표정이 환해 보여 부럽기 그지없다. 그러나 아무래도 나는 불러도 돌아오지 않고 먼바다에 희미하게 떠 있는 작은 섬 같고, 심지어 그 섬의 나무에 매달린 하나의 나뭇잎 같다는 생각이 들 따름이다. '지금 여기'에서의 나는 여전히 '내가 찾는 나'를 만나지 못하고 있기 때문일 것이다. 토마스 모어의 '유토피아', 도연명의 '무릉도원', 허균의 '율도국'은 영원히 이룰 수 없는 이상향들이겠지만, 나는 끊임없이 그런 이상향을 향한 꿈을 꾸기 때문에 살아가고 있는지도 모른다. 먼바다는 내게 그런 화두를 던져주기도 한다. 바다는 끝없이 파도를 끌어안고 있으며, 파도는 바다의 속살을 하염없이 닦고 있기 때문일까. 날 저물 무렵의 속 깊은 먼바다를 바라보고 있으면, 내가 파도에 시달리며 작아지는 외딴섬 같으면서도 내가 찾던 나를 만나게 해 줄 것 같은 느낌도 안겨준다.

1974년 《현대문학》으로 등단. 시집 『은파』, 『먼 여로』, 『유리벽 안팎』 등 22권, 시선집 『먼 불빛』, 『잠깐 꾸는 꿈같이』 등, 시론집 『예지와 관용』, 『현실과 초월』 등 6권 출간. 한국시인협회상, 한국가톨릭문학상 등 수상.

연못 가의 매화나무

내가 먼저 가서 기다려야지
길 모롱이 공터에 눈사람 숯검정 콧대 높고
신발 끝에 뽀드득 밟히는 소리
삼동 나고 오마고 했으니
좀 먼저 와 기다린다고 선심이며 낯낼 일인가
지기를 만나는 반가움이면 견줄 데 없다
아끼는 화장품 토닥거려 졸음 털고
가슴에 바람 스밀까 봐 목수건 둘렀다
머잖아 황금 잉어 당도할 것이고
방울지다 스르르 꺼지는 입가에도
속기 묻어나는 금언 같은 것
퍼나르다 비늘이 다 닳았다
기다리다 한두 잎 지는 꽃잎의 의미를
몽당비로는 쉬이 쓸어담을 수 없지

신 중 혁　　3월 둘째 주

시작 노트

　아직 공터에 눈사람의 콧대가 도도하고 신발창에서는 뽀드득 소리가 난다. 먼저 가 기다리는 것은 갸륵하지만 서둘다가 산수유 생강나무 개나리의 단잠 깨울까 조심스럽다. 수족관 잉어는 만날 날 기다리며 유리 벽 바깥을 뻐끔거리고 있다. 생각은 스치기 일쑤고 말은 앞세우기 다반사다. 지금은 팔을 뻗어 기지개라도 켜야 할 때, 혹시 봄 날개에 가 닿을지 모르니까.

1982년 《현대시학》으로 등단. 시집 『상수리나무의 잠』, 『나무의 변증』, 『서울 입성』 등 7권 출간. 사르트르 문학상(계간 문예춘추), 도동시비 문학상 수상.

검은 숲속에서

봄은, 기다리는 것이 아니라
내가 먼저 꽃 피우는

봄이 되는 것
봄날이 사람들 사이 화안한 빛 찾아주려면
잔뿌리 굵게 키워
숨결 가쁘게 물 자아올려야 한다

밤낮 물레를 돌려 흙으로 빚은
봄바람이

연분홍 치맛자락 사알살 일렁여서

홍매향 뿜어내는

달항아리 속 햇살 조각을 찾아내도록

뒤란에 숨긴 풋정이 이제라도

연둣빛 새싹 키우도록

| 정 숙 | 3월 셋째 주 |

시작 노트

어둠 속에서 가만히 앉아 꿈이 이루어지길 기다리기보다 스스로 봄이 되려고, 맨손으로 땅을 파면서 뿌리를 내리려 안간힘 쓰는, 간절하면서 처절한 순간이 더 짜릿하지 않은가!

1991년 《우리문학》, 1993년 《시와 시학》으로 등단. 시집 『신처용가』, 『위기의 꽃』, 『불의 눈빛』, 『바람다비제』, 『유배시편』, 『청매화 그림자에 밟히다』, 『연인, 있어요』, 『가설극장 커튼콜』 출간. 1993년 시와시학상, 2010년 만해 '님' 시인상, 2015년 대구시인협회상 수상.

예견

남편 자식이랑
근동의 피붙이들
일찌감치 죄다 앞세우고
외홀로 지내던

옆집 할머니
이른 봄날 아침
이승 뜨시자
여태 기다렸다는 듯

빈 마당 가득
상복 차림 조문 행렬
노랗게 줄을 지었다
황매화 만발이다

| 김 병 해 | 3월 넷째 주 |

시작 노트

  소도시 근교에 여러 해 전에 마련한 주말주택, 옆집에 팔순 할머님이 홀로 사셨다. 고관절 물렁뼈가 오래전 몸을 떠나 앉음새로 바닥을 긁으며 움직였다. 주말이면 사립에다 귀 한 짝 내다 걸고서 문밖 인기척을 확인하시곤, 그 앉은뱅이 걸음으로 천릿길 진배없을 내 집으로 매번 건너오셨다. 한 주간 스스로는 해결 못한, 나로서는 정말 아무것도 아닌 자잘한 일거리를 청하기 위해. 그 몸으로 손수 키운 마당 텃밭 이런저런 푸성귀를 검정 비닐봉지에 담아 끌고서. 어느 이른 아침 그 할머님 이승을 뜨셨다. 조문객은 노란 울음 짓던 황매화 뿐. 꽃피어 꽃향기 지천이어도 꽃피어서 더 가슴 먹먹한 봄날 주말이었다.

대구 출생. 2010년 《서정시학》으로 등단. 시집 『그대가 나를 다녀가네』 외 출간. 〈미래서정〉 동인.

서포일기

유배라는 배가 있었습니다
한번 떠나면 다신 돌아오지 못하는,
사람을 끊으라 했습니다
바다를 끊으라 했습니다
그래요, 세상을 끊으란 말이겠지요
늙은 초옥에서 죽을 끓입니다
후박나무 이파리 뚝뚝 끊어져도
남해는 얼지 않았습니다
조금에서 사리로 물때가 바뀌면
가슴 절벽에 거센 파도가 몰아쳤습니다
문고리가 다닥다닥 이를 갈았습니다
소맷부리 눈물 훔치면 부엉새 멀리 울었습니다

위리안치라는 물고기가 있었습니다
온몸이 가시투성이었습니다
절망을 뜯어먹고 사는 섬이었지요
쪽동백에 부서지는 쪽노을 편으로
강마른 심경 내어다 걸어봅니다만
반 식경도 못 가 비틀대다 주저앉았습니다
뻐꾹새가 띄엄띄엄 허공에 칼집을 냅니다
나를 부르는 홀어머니 목소리 꿈같이 멉니다
수평선 서쪽으로 아홉 구름 꿈으로 몰려가네요

손 준 호　　3월 다섯째 주

눈 어두운 초옥에서 붓을 듭니다

장마가 길겠습니다
쓰던 이야기도 마저 이어가야겠습니다
흙길이 눈자위에 퉁퉁 부어오르면
못 본 아버지 얼굴도 떠오르겠지요
은빛 멸치 떼 들썩거리는 여기
남해하고도 노도 앞바다에 말입니다

시작 노트

　파도가 울었다. 도선 갑판으로 비가 들이쳤다. 불타는 쪽동백을 비벼 끄고 있었다. 비가悲歌. 후박나무 이파리를 후둑후둑 내리치고 있었다. 머흘머흘 바람이 섬으로 흘러들었다. 노도도 젖고 서포도 젖고 나도 젖었다. 기댈 곳은 가늘게 몸을 세운 저 빗줄기뿐. 유배라는 배가 있었다. 비가 울었다.

2021년 《시산맥》 신인상으로 등단. 시집 『어쩌자고 나는 자꾸자꾸』, 『당신의 눈물도 강수량이 되겠습니까』 출간. 2022년 대구문화재단 문학작품집 발간 지원. 2023년 제2회 기후환경문학상, 2024년 제4회 가야문학상 수상.

민달팽이 1
―빛과 어둠

유리 절벽에 그가 심겼다

빛의 화살을 맞고 타는 맨몸, 화형당하고 있다
눈멀어 돌아본다
어둠을 뛰쳐나온 아픔이 유리문 꼭대기에 기어올라
끈적이며 뒤척인 길
길게 그어 놓은 생生이 구불텅하다
꽁무니가 뱉아낸 체액,
번쩍이는 햇살의 계단 뜨겁겠다
무슨, 저런 희고 빛나는
꼬리 감추고 있었던가

어둠에 갇혔다가 끝내 빛에 갇혔다

어둠을 갈아 힘주며
그어 내린 한 획,
참 길고도 확실하다
체액으로 쓴 상형문자, 숨겨둔 암호다
흘러내린 쉰 머리카락 한 올
참! 끈끈하고 질기겠다

(후략)

박 복 조 4월 첫째 주

시작 노트

 환한 대낮, 큰 유리 창문을 기어오르는 민달팽이가 며칠 동안 그어 놓은 희고 끈적한 흔적, 길고 구불텅한 길은 맨몸으로 살아낸 빛과 어둠의 일생이 아닌가 어둠을 살아, 빛을 그리워하던 길. 불타는 햇살을 맞아 승천하는 모습이 장하다. 하늘은 꽃을 품고 다시 문을 두드릴 것이다.

1982년 《수필문학》으로 등단. 1996년 시집 『차라리 사람을 버리리라』로 작품활동 시작. 시집 『말의 알』 외, 수필집 『여명에 번지는 나팔소리』 외 출간. 상화시인상, 윤동주문학상, 대구의 작가상 등 수상. 대구문인협회 부회장, 대구가톨릭문인협회, 대구여성문인협회, 국제펜한국본부 대구지회장 역임.

목련꽃

잠시 잠깐 정신없이 낮잠 자고 나서
후드득 기지개 켜는 꼬인 가지들,
한낮보다 더 크게 웃는 목련꽃
해 떨어지는 선잠 끝에 채찍질하는 바람 닿자
화들짝 놀라 물배 채워 계단 밟는
어린 구름 어루만진다
먼 곳의 해 가까이 얹어놓은 가지들
그대로 머물러 있게
처진 어깨 에워싼 허기진 하늘 아래
꿈꾸는 밤 찾아와도 잠들지 아니하고
아가방 지키는 전깃불처럼 휘청거리며 깨어 있네

정 경 진　　4월 둘째 주

시작 노트

　모두 불 끄고 잠든 깊은 밤 아가방은 환하다. 밤잠 설쳐대어도 환한 아기 웃음은 곤해진 엄마의 온몸을 거뜬히 일으켜 세운다. 한밤중에도 떨어지지 않게 지키는 목련 가지마다 목련꽃 환하다. 엄마의 마음도 환하다.

2001년 《시현실》로 등단. 2005년 중앙일보 주관 제1회 미당문학제 시 대상 수상.

역모

내일이면
엄마는 퇴원한다
형제들이 모였다
엄마를 누가 모실까
아무도 나서는 사람이 없다
큰형이 무겁게 입을 열었다
요양원에 모시자
밀랍처럼 마음들이 녹는다
그렇게 모의하고 있을 때
병원에 있던 작은 형수
전화가 숨 넘어간다
어머님 상태가 갑자기 나빠지고 있다며……
퇴원 후를 걱정하던 바로 그 밤
자식들 역모를 눈치챘을까
서둘러 당신은
하늘길 떠나셨다

| 전 병 석 | 4월 셋째 주 |

시작 노트

"누가 모실까?" "내가 모시겠습니다." 이 말을 왜 하지 못했을까? 안 했을까? 지금도 마음이 아려옵니다. 삶이 순간인 것을 어떻게 알겠습니까?

2021년 《문학청춘》 신인상으로 등단. 시집 『그때는 당신이 계셨고 지금은 내가 있습니다』, 『화본역』, 『우리는 한 번도 초라하지 않았다』 등 출간.

상자

상자들을 두고 그들은 떠났다

아래층에 맡겨둔 봄을
아래층에 맡겨둔 약속을
아래층에 맡겨둔 질문을
아래층에 맡겨둔 당신을

아래층이 모두 가지세요

그 상자를 나는 열지 않아요

먼저 온 꽃의 슬픔과 허기를 재울 때
고요히 찬 인연이 저물 때

생각해 보면 가능이란 먼 것만은 아니었어요

| 이 규 리 | 4월 넷째 주 |

시작 노트

 우리 삶의 문 앞에는 수많은 택배 상자가 놓이겠지요. 그 상자 안의 봄과 약속과 질문과 당신은 모두 욕망의 분신입니다. 청춘이라면 낱낱이 개봉하여 그 많은 감정과 내용과 미래를 흠향하겠지만 이제 나는 상자를 열지 않고 봄과 약속과 질문과 당신을 모두 양보하겠어요. 대신 보이는 것 너머 보이지 않는 환상의 상자를 마련하려 합니다. 그 무한이 다시 불가능을 확인하는 일이 되더라도 말입니다.

1994년 《현대시학》으로 등단. 시집 『최선은 그런 것이에요』, 『당신은 첫눈입니까』 외, 산문집 『시의 인기척』, 『사랑의 다른 이름』 외 출간.

그의 눈동자

어느 때는 사랑받다가
내버려진 반려견
잘린 꼬리만큼 더 아프게 된
삶의 무게로 종종걸음치고 있다
온종일 떠돌아도 헛헛한 허탈뿐
짧아진 꼬리로
붉은 노을이라도 흔들어 보고 싶다고
뜨거운 눈으로 나를 올려다본다
유랑자의 지친 몸
굶주린 배를 채우기 위해
골목길 쓰레기더미를 뒤적이다가
찾아낸 닭 뼈 하나
이빨로 물어뜯으며 허공을 바라본다
타오르는 저녁놀
그림자처럼 길게 드리우면서
겁에 질린 그의 눈동자를 비출 뿐

| 주 설 자 | 5월 첫째 주 |

시작 노트

　생명은 소중한 것입니다. 주인과 한평생 함께한 반려견도 단순히 인간의 노리개가 아니라 들숨과 날숨을 쉬는 존귀한 존재입니다. 하지만 인간의 이기적 사랑은 이 반려견을 거리에 내버리게 되고, 한 생명체는 극심한 생존의 위협 속에 내던져집니다. 어느 날 길에서 본 이 삭막한 풍경을 「그의 눈동자」를 통해 표현하고자 했습니다. 주인에게 한때는 사랑받다가도 떠도는 신세가 되어 굶주림에 허덕이는 유기견을 통해 생명의 고귀함과 상생의 가치를 성찰해 보고 싶었습니다.

《문장》, 《시와시학》 시, 《한국아동문예》 동시 등단. 시집 『나그네의 기도』 등 3권, 동시집 『신난다 민속놀이』 등 8권 출간. 허난설헌문학상, 만해 '님' 시인상 우수상(만해학술원), 한국아동문예상, 시와 시학 시인상 수상 등.

겨울눈

가만히 열리는 몸 깊이 들어가
헛간 한 채 짓는다

냉랭한 길 한참을 걸어온 나
고된 발 차가운 가지 끝에 놓고
봄의 틈을 벌린다

운주사 달빛에
몸 와불처럼 눕혀놓고
입김 호호 불며
언 발 씻겨주던 매화 그녀

가닥가닥 머리카락
헛간 문 열고 나와
가만 내밀던 말간 이마

그 꽃, 그립다

| 홍 준 표 | 5월 둘째 주 |

시작 노트

  매일신문 신춘 문예 출신이며 부산일보 사장을 지내신 김상훈 선생님은 나의 초등학교 4학년 담임 선생님이셨다. 시인이셨던 선생님은 틈틈이 우리에게 글을 쓰게 하셨다. 학년을 마치고 헤어지는 마지막 날, 그간 써온 코흘리개들의 글을 한 권의 학급 문집으로 만들어 나누어 주셨다. 그 문집의 제목은 겨울눈이었고, 표지 그림도 보송보송 망울진 나무의 겨울눈이었다. 그 문집의 머리글에 선생님은 '우리 서로 잊지 말자는 것이다'라고 쓰셨다. 겨울이 가고 봄이 터지려 할 때 함께 부풀어 오르는 겨울 지난 나무의 눈을 보며, 그때마다 그 시절로 들어가 선생님을, 그리고 그때의 개구쟁이들을 기억했다. 봄 오는 길목을 며칠째 걸어 다니며 그제도 오늘도 선생님께서 우릴 보셨듯이 꿈을 키우는 망울들을 본다. 하루가 다르게 봄의 문을 열어가는 그들을 보면 지나온 냉랭한 시절과 위로의 입김들 모두 다 따뜻한 그리움이 된다. 봄이 점점 가까이 오는 모양이다.

2015년 《문장》으로 등단. 시집 『커튼 콜』, 『구조적 못질』, 『허술한 반성』, 『오래 머물고 싶은 그늘』, 『질문의 시작』 출간.

고바우

이번 공일날 고기 잡으러 갈래?
고바우 형이 꼬드겼다.
철길을 지나 나락 논 사이 늪에
형은 반두를 잡고
나는 전사처럼 발을 구르며
허리춤까지 차오른 물풀을 후렸다.
와! 금빛 붕어와 새우 물방개
젓가락만 한 물뱀도 빤히 고개를 쳐들었다.
하늘에 닿을 미루나무
잎을 팔랑이며 합창하고
뭉게구름이 다가와 그늘을 내주었다.
긴 방죽 따라
노을이 양철 바케스를 물들이면
고바우 형의 휘파람 소리는
먼 저녁별에 닿았다.

정 훈　　5월 셋째 주

시작 노트

　그리운 것은 절실한 것이다. 바꿔 말하면 절실한 것은 또 그리운 것이다. 아련히 떠오르는 걱정 없던 시절, 숨 가쁘게 달려왔다. 이제 쉬고 싶다. 짐승은 먹이를 인간은 추억을 먹고 사는 것이다.

경북 상주 출생. 1994년 《심상》으로 등단. 시집 『식스시그마』 외 출간. 대구문학관 건립추진위원장 역임. 뉴밀레니엄 선도 기업인.

최후의 원근법

오전 9시, 희다고만 보는 것은
검은 부분을 지나친 것인가

오후 6시, 검다고만 보는 것은
흰 부분을 지나친 것인가

오전 9시에서 오후 6시 사이
물음표처럼 서 있던 잿빛 왜가리

물 밖 돌멩이에게
물속 돌멩이의 시작과 끝을 묻는데

물속 돌멩이가 되어 본 적 없어
물 밖 돌멩이로 건너가던 왜가리

가슴에 묻어두었던 오른 다리 아래
잿빛이 흘러내릴 때

왜가리를 벗어놓은 왜가리
노을 속, 붉은 점으로 스며들고

| 최지원 | 5월 넷째 주 |

시작 노트

 백과 흑의 채도를 조화롭게 다루는 화가를 본 적 있다. 물속 돌멩이와 물 밖 돌멩이 사이에서, 두 자루의 긴 붓이 탁해질까 번갈아 가슴에 데우며 불협화음의 풍경이 고요해질 저 너머 한 지점을 응시하던 늙은 화가 왜가리, 노을 속 소실점을 향해 부단히 노 저어가던 날갯짓으로 얼어붙은 대지 위를 흐드러지게 봄 덧칠한다.

2016년 《시산맥》으로 등단. 시집 『얼음에서 새에게로』, 동시집 『초승달 지팡이는 어디에 있을까』, 『목련이네 응원레시피』 출간. 2019년 16회 황금펜 아동문학상, 제11회 최치원 신인문학상, 제6회 김명배 문학상 수상, 2023년 아르코 창작발표 지원금, 2024년 대구문화예술 창작지원금 수혜.

녹슬지 않는 눈물이 있다

서쪽 하늘
별 하나

눈물을 고요에 담금질하고 있다

이별일까
시 쓰고 있는 걸까

금가는 눈물은
기다림이 아니라고
유성으로 날아가는 눈물은
그리움이 아니라고

잠 못 이루는 눈물은 눈물을 알아본다

반짝이는 눈물은
순금의 순금이 아니라고
고요에 떠오르는 눈물은
청동이 아니라고

내려치는 망치 소리마저 고요에 연금하는
별 하나

| 조 두 섭 | 6월 첫째 주 |

서쪽 하늘
녹슬지 않는 눈물이 있다

만남일까
시일까

시작 노트

  시여, 눈물이 없었다면 나는 그대를 사랑하지 않았을 것입니다. 나는 그대에게 줄 수 있는 것이 눈물밖에 없기 때문입니다. 종이에 떨어진 눈물 마른 자국을 바라보며 그대를 기다리는 밤도 없었을 것입니다. 신이 봉인하여 서고에 넣어둔 사랑의 금서를 열어보다, 깜박 죽었다 살아나는 촛불 까만 심지는 눈물을 꼭 쥐고 있습니다. 맹세는 빛났습니다.

1978년《매일신문》신춘문예, 1979년《동아일보》신춘문예 당선 이후《시와 시학》신인상 당선. 시집『눈 내리는 날도 대숲은 파랗다』, 『망치로 고요를 펴다』 등 출간.

계단을 걷는 사람

계단을 걷는 사람을 지켜봅니다

시든 근육을 채근해서 하나둘, 각진 사선을 숨가쁘게 오릅니다

평생 계단을 걸었지요

마지막 계단에 올라 육교를 가로지르면
문득 막막한 허공

날개도 없이 날았습니다
내려가는 길은 눈 깜빡할 새,

다시 힘겹게 계단을 오릅니다 하나둘,
막차 시간이 가까워 오지만 그뿐,

딱히, 내일 뭐 할 거냐고 묻지 않습니다

그의 새로운 목표는 건강한 저녁을 만나는 것
오늘이 삼천육백오십 번째
그 이상이거나 혹은 그 이하

저녁과 악수하는 그를 지켜보다

| 이 희 명 | 6월 둘째 주 |

슬그머니 나도 손을 내밉니다

지금 우리의 계절은 빗금입니다

시작 노트

    어느 날부터인가, 평면적이던 바닥이 기울기를 시작했다. 근육을 키우기 위해 계단을 걷는다. 평생 걸어온 계단이 새삼스레 숨 가쁘다.

경북 선산 출생. 2018년 《대구문학》으로 등단. 시집 『피망과 파프리카』 출간. 2021년 매일시니어 문학상 수상, 2023년 문화예술 창작지원금 수혜.

시인론

매일
시를 읽는 왕과
시를 읽는 법관과
시를 읽는 환경론자들이
사람과 사람 사이에
꽃처럼 번지는 슬픔을 읽을 수 있다면
마른 뿌리를 흔드는 빗물처럼
모든 피어나는 것들에
손 내밀 수 있다면
누구나 시인이다
정의다 바다다

| 한 상 권 | 6월 셋째 주 |

시작 노트

낡은 차를 타고 집을 나서다가 생각했다. 나는 왜 이 길 위를 달리는가. 브레이크를 밟으면 제대로 설 수 있는가. 간밤에, 바다가 갈라지고, 들판이 무너지는 것 같은 지각변동이 일어나지 않았던가. 그런데도 신기한 일이다. 보행자는 신호등에 맞춰 길을 건너가고 빵집 아저씨는 흰 모자를 쓰고 가게 문을 열고 있으니 말이다. 이 평온은 무엇인가. 꿈인가. 우리 모두 하루에 한 편씩의 시를 읽고 있는가.

경북 영천 출생. 1993년 《문화일보》 신춘문예로 등단. 시집 『단디』, 『그 아이에게 물었다』 출간.

속삭이는 자작나무숲에서

너는 행렬을 지으며 숲으로 찾아드는
구겨진 종잇장 같은 마음의 소리들
다 듣고 있었던 거지

흰 몸보다 더 하얀 마음을 가진 너는
별빛 총총한 밤하늘만큼의
무수한 삶의 서사들과
혼자 꼬꾸라지지도 못한 마음을 끌고 오는
잦은 패배의 소리들
괜찮다 다 괜찮다 말 거는 거야

환해지고 싶은 마음
더는 말이 솟구치지 않을 때까지
탄식의 소리 하얗게 소멸될 때까지
하염없이 받아 주는 거지

우리 인생 자작나무 같아질 때까지.

| 노 진 화 | 6월 넷째 주 |

시작 노트

사람들은 행렬을 지으며 자작나무 숲으로 홀린 듯 들어선다. 어디 기댈 데 없어 외로운 마음을 자작나무는 흰 몸을 열고 어서 오라고 속삭인다. 한순간 홀황의 세계다. 어찌 환해지지 않겠는가? 위안의 처소에서 잠잠해졌으니!

경남 삼천포 출생. 2005년 《생각과느낌》으로 작품 활동 시작. 시집 『외로운 사람은 그림자가 길다』 출간. 계간 종합문예지 《생각과느낌》 발행인 겸 편집인 역임.

눌함訥喊*

의성 산불로
운람사雲嵐寺 보광전 요사채 그 천년이 깡그리 탔다
보광전 광배를 이루던
꿀밤이 많던 다정한 천등산도
달빛 교교하던 가을밤의 열 겹 산능성도
장마철 우무에 쌓여 희미하던 산마을도
젊은 청춘의 추억도
다 탔다
인생사 제행무상이라더니……
보광전 앞마당 벚나무 아린 꽃망울이
확 불지옥을 뒤집어썼다
그렇게, 시커멓게 숯이 된 몸통을 비집고
안간힘을 쓰면서 고함을 지른다
세상을 밝히는 한 송이 꽃이다

*루쉰(1881~1936)의 산문 제목에서 따옴.

| 김 용 락 | 6월 다섯째 주 |

시작 노트

  운람사雲嵐寺는 경북 의성군 안평면에 있는 천년 고찰이다. 신라시대(681) 의상대사가 창건한 절로 알려져 있다. 우리 6남매 중 일찍이 고인이 된 맏누님이 20대 초 새색시로 그 산기슭의 농촌 마을로 시집갔다. 나에게는 여러 추억이 있는 사찰이다. 불탄 후 찾아뵈었더니 보광전 앞마당의 불탄 벚나무 밑둥치에서 시커먼 재를 밀치고 벚꽃이 피어나고 있었다. 생명의 그 질김이라니……

1959년 경북 의성 출생. 1984년 《마침내 시인이여》로 등단. 시집 『푸른별』, 『하염없이 낮은 지붕』 외, 평론집 『문학과 정치』, 『한류와 한국문학』 외 출간. 사회비평지 《문화분권》 발행인.

배롱나무 아래서

한여름 땡볕 아래, 원추화서圓錐花序 배롱나무
자잘한 꽃잎들 산란하는 붉은 치어 같다

툭툭 불거진 흰 뼈들 사이
맨발로 걸어가는 힘줄이 도드라진다

다닥다닥 어지럽게 핀 꽃잎을 달고
멀미하는 나무들
바람이 지날 때마다 천 개의 소리를 낸다

피었다 졌다 다시, 졌다 피었다
휘어진 가지마다 백 일 동안 꽃 피운다

배롱나무 자잘한 꽃무늬 일렁이며
긴 그림자 그늘도 백 일이다

| 황 태 교 | 7월 첫째 주 |

시작 노트

　배롱나무 꽃차례는 말도 많고 탈도 많은 우리네 인생을 닮았다는 생각을 한 적 있다. 나뭇가지마다 수많은 꽃잎을 매달고 여름 햇볕을 정면으로 견디고 있다는 점에서 매우 의지적인 꽃이랄 수 있겠다. 그날도 그랬다. 친정 오라버니 하늘로 떠난 후, 오랜만의 외출이었는데 앞이 캄캄했다. 멀미하듯 주저앉은 곳이 하필 배롱나무 아래 벤치였다. 여름 땡볕은 이글거리며 공원을 잠식하는데, 배롱나무 가지 사이 붉은 물결로 건너오는 바람이 내는 소리를 들은 듯도 하였다. '심장에서 터져 나오는 뜨거운 이야기는 차가운 손가락으로 써야 한다.' 마치 천 개의 종소리가 일시에 울리듯 들숨과 날숨으로 여름을 들어 올리고 있었다. 그 후, 내게 배롱나무는 그해 여름의 아픈 기억이자 뜨거운 목숨의 새로운 의지로 각인 되었다. 비록 백 일 동안의 화관이지만 그것이 꽃의 일생이었으니 그 그늘도 내겐 살아가는 힘이라고 가르쳐 준다. 올여름에도 나는 배롱나무 아래서 왜 삶은 뜨겁게 살아야 하는가를 고민하며 서성일 것이다. 좀 더 천천히 배롱나무 가지 사이로 하늘도 올려다보는 여유를 이제는 가질 수 있기를 바라면서- .

2023 《대구문학》 신인상으로 등단. 〈강물소리〉 동인. 대구재능시낭송협 회장 역임.

모르는 일

어느 봄날,
길 가다 건너다본 모텔 주차장
차들이 커튼으로 반쯤 얼굴을 가리고
남세스러운 듯 서 있다
주인은 낮잠이나 자러 대낮 모텔에 들었는가
자동차 혼자 저리 엉거주춤 자신을 가리고
대신 혼나고 있는 듯

번호판이 보일세라
바람이 들추는 애꿎은 소문과 씨름 중이다
출장이 길어진 어느 집 가장의 차
밝은 햇살 아래 진땀 흘리며

자신은 모르는 일이라고,

| 전 태 련 | 7월 둘째 주 |

시작 노트

 모르는 일은 모르는 일로, 소문은 맞을 수도 틀릴 수도 있는 거 자신이 한 게 아닌, 애꿎은 일로 곤욕을 치르기도 하고 먼 옛날 아무도 모르게 저지른 그 과오의 결과이면 또 어떠랴. 인류는 하나의 공동체 상과 벌을 공유하는,

2003년 《사람의 문학》으로 등단. 시집 『바람의 발자국』, 『빵 굽는 시간』, 『붉은, 그리고 흰』, 『그리고 거기, 모퉁이를 걸어놓고』 출간.

낙과

해의 단맛이 감춘 씨앗, 자갈밭 내 몸에 떨어졌다

바람이 문질러주는 공중을 얼마간 견디던 과육이
툭 내려놓은 열매

그늘이 기어다니는 자리에서는
외로움도 하나의 권력인 듯

깔린 돌 틈의 풀이 사뿐히 받아준다

덜 외로운 자, 더 외로운 자를 섬기는 공중
열매가 견딘 잠옷에서는 언제나
시금털털한 혁명 냄새가 났다

바람 부는 날 잎들은 비워졌고
안 보이던 강이 멀리서 흘러와

과육의 살갗은 더 이상 부풀어 오를 수 없을 만큼
탱글탱글하던 그때를 기억한다

땅에 떨어지면 곧 그곳이 무덤인 걸 안다

| 이 유 선 | 7월 셋째 주 |

49일째 휴일이 없는 사람들의 입에 들면 그나마 다행
출렁거리던 각도의 품만큼

강물이 훤하게 내려다보이기 시작하면서
발목 잡던 어미를 원망도 한다

떨어져 단단한 돌 위에 찧은 이마

욕망의 틈새를 연다, 퇴로 차단하는 바닥에 항거하면서
조개처럼 혓바닥 내미는 초록의 혀

나날의 고통 어서 지나가기를 기다리고 있다

시작 노트

   계절은 사망이 없다. 바람도 그렇고 하늘과 땅도 그렇다. 삶도 그럴 것이다. 씨앗이 다음 씨앗을 위해 죽음의 매듭을 넘어서는 것처럼 내가 죽어도 나의 얼은 천지간에 영생불사할 것이다.

2018년 《모던포엠》으로 등단. 시집 『그래도 일요일』 출간. 대구시낭송 협회장,

화분에 사람을 심다

조심스레 봄을 심는다

화려한 색도
눈길 끄는 모양새도 없지만
길가에서 데려온
작은 야생화 한 포기

간밤 진눈깨비에 젖어
몸이 안개처럼 흐려졌지만
화분에 옮겨 담으니
더 따뜻한 숨결이 된다

무심한 바람이 스쳐 가도
고개 들어 햇살을 쫓는 너
그 모습을 보며
소박한 내일을 꿈꾼다

삶이 가끔
설익은 산문처럼 느껴져도
지루하고 울퉁불퉁한 리듬이라 해도
괜찮다고

| 전 기 웅 | 7월 넷째 주 |

작은 기쁨 하나에도
귀 기울일 수 있다면
하나의 식탁에 둘러앉은 얼굴들이
서로의 봄이 되어줄 수 있다면
그것만으로도
충분하다고

오늘은 참 이상하게도
사람이
꽃으로 보이는 날이다.

시작 노트

    붓질 한 번에 봄의 벚꽃, 손끝에서 흩어진 사랑을 여름의 해바라기, 지평선 너머 그리움을 가을의 국화, 쓸쓸한 기억을 겨울 동백, 얼어붙은 침묵을 담아내고 싶었다. 내가 그리는 꽃들은, 단순한 아름다움이 아닌 가시처럼 돋아난 상처와 그 사이로 스며든 햇살과 시간에 깎여나간 마음이거나, 흔적들이다. 그 꽃들 속에 내 인생을 함께 담아 그린 한 폭의 그림 내 마음의 꽃으로 남기고 싶었다.

서정문학 작가협회 부회장, 대구문인협회 간사, 형상시 창작원 편집국장.

강가에서 저물다

강 넘어 안갯속
고개 숙인 물버들이
빗속에서 어깨를 웅크리고 있다

그 뒤로 멀리 보이는
도시의 한 모퉁이
자욱한 운무 속에 잠기어 있고
거기 두고 온 나의 뒷모습
더욱 멀어서 가물거리고

강물 가운데 떠있는
산발한 풀섬 하나
소리 없는 강의 신음을
온몸으로 물에다 새기고 있다

다시 빗줄기가 굵어진다
나도 강을 건너
안갯속으로 들어갈 시간인가

웅크린 물버들
유령 같은 도시의 끝자락
물에 뜬 풀섬
모두가 강처럼 저물어 가는데

| 김 진 희 | 8월 첫째 주 |

시작 노트

 비 내리는 성주 선원리에서 낙동강을 내려다보고 있었다. 몇 시간이 지났을까. 강의 신음이 들려오기 시작했다. 또 얼마나 시간이 지났나. 가슴 속에 박혔던 가시 하나가 혈관을 따라 온몸을 도는 것을 느꼈다. 저무는 강처럼 나도 강 건너 안갯속으로 들어가야 할 때인가.

2022년 《시와세계》로 등단. 시집 『잠김증후군』, 『어둠을 각색하다』, 칼럼집 『등불』 외 출간. 〈강물소리〉 동인. 대구신문 논설위원.

여름 울음

방충망에 매미 한 마리 붙어 운다
말복 지나고 처서 지나고
한차례 소나기 지나간 오후

목청껏 울면
죽은 엄마가 돌아올 것만 같아서
나도 저렇게 운 적이 있다
언니는 신던 스타킹을 내 입속에 쑤셔 넣었고
그럴수록 나는 더 악다구니를 쓰며 울었다

매미도 알았을까
울음도 숨 고르기가 필요하다는 걸

매미 소리 잦아들면
나도 꺽꺽 울다가 잠이 들었다
언니에게서 엄마 젖 냄새가 났다

자고 나니
방충망에 매달려 울던 매미는 없고
시든 울음만 허물처럼 붙어 말라가는 오후

여름에도 발목이 시리다는 엄마가

| 백 지 | 8월 둘째 주 |

절룩절룩
울음을 끌고 가고 있다

시작 노트

여름을 오래도록 붙들고 싶었을까? 매미 한 마리가 방충망에 붙어 울고 있었다. 자지러지게 울다가 잠시 쉬어가는 울음. 어떤 울음은 숨 고르기가 필요하다. 매미가 보였다가 엄마가 보였다가 모두 사라지고 울음만 남았다.

1969년 대구 출생. 2023년 《애지》로 등단. 〈다락헌〉 동인.

거미

끝없이 올라가고 싶었다
올라간들 다를 것 없는 세상 속을
흙 묻히고 살기보다는 빠질 수 있는 하늘이 좋아
허공에 햇살로 그물막 지어 살았다
관심 두지 않은 온갖 소리들이 기어 올라와
바람 흔들어 내 유리방을 슬그머니 헤집고 달아났다
그럴 때면 두고 온 어린 꽃들과
달빛 가득 고여있던 옹달샘이
발 아래서 고즈넉이 앉아 손짓하며 불렀다
나는 거꾸로 매달려 떠나온 세상을 말없이 바라본다
뒤집어 바라보는 나무의 새살대는 잎맥은
햇살을 튕겨 연녹으로 해맑게 비쳤고
시끄럽게 다투어 흐르던 강물은
투명한 목소리로 지줄대며 교향악을 연주한다
햇살 꺾이는 각도에 따라 달라 보이던 세상
오를 줄만 알아 허공에 몸 기대었던 나
햇살 소곤대는 토담 틈에 유리집 하나 지었다
담 너머 지켜보던 라일락 꽃나무
제 몸 화르르 풀어던지며 인사하고 있다
어둡던 골목이 환하다

| 엄 혜 숙 | 8월 셋째 주 |

시작 노트

 우리가 궁극적으로 바라보고자 하는 지점은 어디인가? 인간의 삶은 정답이 없고 완벽한 유토피아는 없다. 시인의 마음을 거미에 이입시켜 상상력의 진폭을 넓혀보았다. 이상향의 공간 속으로 세상을 조롱하며 올라가고 싶은 욕망도 있지만 이상향에서 모든 걸 비우고 버리며 구도자처럼 안도하는 삶과 통속적인 삶을 그리워하는 애증의 교차 지점에서 흔들리는 이상과 현실을 바라보다가 이상과 현실을 타협하여 중간지점을 모색한다.

1960년 영주 출생. 2003년 《시사사》로 등단. 시집 『도문』, 『파도소리에 귀를 걸고』 출간. 전국공무원문예대전 우수상 2회 수상.

만촌동의 하늘

맘 여린 사람들
이울 없이 살던 도시 변두리
척박한 땅 일구어
고추도 심고 호박도 심고,
비 오는 날은
수양버들 무릎에 앉아 낚시를 했지
월척 한 놈 잡으면 떠나리라
미끼 없는 낚싯대를 드리우고
이십여 년 찌를 지킨 만촌동
지금은
메꾸어져 공원이 된 연못가에
빌딩의 그림자 울타리로 자라
고추밭을 짓밟고
앙가슴을 뭉개고
도심이 한 발씩 물러와 담장을 높일 때
이웃은 모르는 사람으로 살다 모르는 사람으로 가고
저절로 갇혀 버린 울 안에서
올려다보는 빠끔한 하늘,
거기 우물 속에 빠져있는
작은 별 하나
만촌동 하늘에 깜박이고 있다

| 안 용 태 | 8월 넷째 주 |

시작 노트

　40여 년 전 군의학교 군부대 철조망을 사이에 두고 척박한 산비알에 신혼살림을 꾸렸고 가리지 않고 억척같이 살아온 만촌동, 우방팔레스 아파트 옆 지금은 공원이 된 그 자리가 연못이었고 그곳에서 희망을 건지고자 부단히 노력했지만 결국은 이곳까지 떠밀려 여기 산골에 보금자리를 틀었다. 돌아보면 아스라이 먼 길 같지만 찰나적 순간이다. 동틀 무렵 숲의 신비감 살아있음에 행복한 아침이다.

1952년 경북 성주 출생. 2000년 《해동문학》으로 등단. 〈詩하늘〉 사무국장.

벚꽃길

벚꽃길을 걷는다.

싹을 틔우는 만물을 축복하는,
흐드러진
박수 소리를 듣는다.

온 세상에 그리는 벚꽃 점묘화點描畵,
대지大地에 입 맞추는
봄의 붓질을 본다.

함께 걷는 개나리
귀를 쫑긋거린다.

| 박 정 곤 | 9월 첫째 주 |

시작 노트

  시는 리듬의 예술이다. 보이는 언어 너머에서 울리는 고요한 리듬과 내재한 운율은 우리의 감각을 조용히 흔들어 깨운다. 나는 이 시에서 그 음악성을 따라 봄날의 생동감을 좇았고, 그 생동감 속에 조용히 꿈틀대는 봄의 숨결을 포착하고자 했다. 꽃잎이 흩날리는 순간순간, 그것은 단지 자연의 현상이 아니라, 서로를 축복하는 생명의 몸짓처럼 다가왔다. 벚꽃이 터지는 소리는 흐드러진 박수였고, 대지를 쓰다듬는 꽃잎은 봄이 전하는 조용한 인사였다. 화려하지만 소란스럽지 않고, 고요하지만 생명력으로 충만한 세계. 나는 그 세계 속에서 자연이 들려주는 조화와 평화의 언어를 온몸으로 듣고 싶었다. 이 시는 그런 풍경 속에서 직조한 내 감각과 사유의 기록이다. 나의 봄날이 당신의 봄날이 되고, 우리 모두의 세상이 봄날이기를 바라는 마음으로 이 글을 선보인다.

1959년 대구 군위 출생. 1993년 《우리문학》으로 등단. 시집 『그래 자비란』, 『아빠 안녕』 출간.

서녘하늘

혼자 놀 때가 많습니다
꽃도 혼자 잘 놉니다
작약계단에서 접힌 꽃잎을 폅니다
다른 이를 사랑하지 못하는 다른 이
접힌 작약은 날아간 호랑나비 날개였을까요
붉은 꽃잎은 긴점무당벌레의 얼룩이었을까요
표범의 얼룩처럼 달리던 어느 크리스마스를 그리워합니다

꽃은 그냥 지는 게 아닙니다 온몸으로 부서집니다
청잣빛 하늘에 어둠이 그어질 때 그 청자색 닮은
한 사람이 생각나
손가락은 서쪽으로 간 번호를 누릅니다
어둠은 화들짝 서쪽을 일으키고
닫힌 그 밤 열자
몽환적인 당신,

| 김 광 숙 | 9월 둘째 주 |

시작 노트

  과수원길 하늘은 청자빛 어둠이 오고 앞서가던 사람이 어둔 하늘 속으로 사라집니다. 문득 어느 전화번호를 누릅니다. 그립지도 그러나 잊지 않는 사람이 있습니다. 붉은 작약 핀 돌계단에 앉습니다. 접힌 꽃잎을 펴보지만, 푸른 밤은 꽃도 혼자입니다.

대구 출생. 2018년 《시문학》으로 등단. 시집 『동인동 분꽃 골목』 출간.

바다로 가는 길

갯내음과 솔바람을 실어나르는
완행열차를 타고
여름을 달리고 싶었다

지천으로 핀 찔레꽃을 향해
창을 열어두고
푸르디푸른 바닷속으로 들어가
한가한 바위처럼 앉아 있고 싶었다

되돌아오는 길에
알몸으로 돌아올 수 있다는
코발트빛 설레임으로
외투 하나 여벌로 들고 바다로 간다

늘 그리워하는 무엇
그리워해야 할 그 무엇
끝자락 펄럭이는 추억이 좋다

| 송 화 | 9월 셋째 주 |

시작 노트

사계절 늘 그립고 가고 싶은 바다 여름이면 비릿한 바닷바람이 더 그립다. 오늘도 바다는 푸르게 파도치겠지······.

경북 칠곡 출생.《시로 여는 세상》으로 등단. 시집『바람의 열반』출간. 〈서설〉 동인.

별이 되려거든 그대

별이 되려거든 그대
어둠을 가르는 초롱한 눈망울로
먹구름 두터운 세상 비추고픈
반짝이는 꿈 하나 오롯이 품어야 하리

길 잃은 새들의 날개를 비춰주는
뭉클한 불빛이 되려거든 그대
서둘러 무릎의 힘줄을 풀고
굵은 눈물방울에 휘청이진 말아야지

언젠가 별이 되려거든 그대
서늘한 외로움 꼿꼿이 견디며
뒤척이는 눈꺼풀 살며시 덮어주는
어머니 젖가슴 같은 노래를 부르고
이름 모를 별들의 어깨를 엮어
불꽃처럼 새벽의 춤을 이글거려야 하리

반짝이는 별이 되려거든 그대
밤새 빙하의 하늘을 지키다
새벽 은하 가로질러 먼동이 터오면
헛헛한 웃음 구름 위에 얹어놓고
눈부신 아침 빛살 너머로
조용히 몸을 감추어야 하리

| 이 수 화 | 9월 넷째 주 |

시작 노트

　누구나 별이 되기를 꿈꾸고, 별처럼 빛나는 삶을 살기를 소망합니다. 하지만 별처럼 반짝이는 삶을 사는 것은 그리 쉬운 일이 아닙니다. 물론 별처럼 반짝이는 삶이 모두 행복한 것만도 아니죠. 이름도 빛도 없는 평범한 삶을 살아가면서도 가족과 친구, 이웃들과 더불어 행복을 누리며 사는 삶이야말로 진정 가치 있고 빛나는 삶이 아닐까요? 문득문득 별처럼 빛나고 싶은 은밀한 욕망이 가슴 깊은 곳에 여전히 도사리고 있는 자신을 발견할 때마다 스스로를 향해 하고 싶었던 말을 담아보았습니다.

1964년 경북 금릉 출생. 1994년 《사람의 문학》으로 등단. 시집 『일등아 잘 있거라 칠등은』, 『꿈은 슬픔을 가로질러 자란다』, 공동 시집 『작은 새가 잠긴 늪』 출간.

산울림

길은 오솔길
나를 데리고 산속으로 산속으로 들어간다
미움을 버리고 사랑도 버리고
온갖 번뇌와 욕심을 버리고

귀를 열어
작은 풀꽃이 몸짓하는 소리를 들어 보아라
눈을 열어 청솔 가지에 입맞춤하는
햇살의 얼굴을 보아라

아무도 보는 이 없어도
화안하게 일어나는 청정한 생명의 울림
맑게 맑게 산이 대답하는 말을
들어 보아라

박 종 해   9월 다섯째 주

시작 노트

　나는 술을 좋아해서 거의 매일 친구들과 술 마시며 담소를 즐긴다. 그러나 술 깨고 나면, 후회가 따를 때가 많다. 「내 위주로 너무 말을 많이 하지 않았는가」 「상대에게 상처 주는 말은 하지 않았는가」 그리고 상대로부터 언짢은 말을 들었을 때는 분노를 삭이기가 힘들 때가 있다. 그러나 자연을 벗하여 나 혼자 사색하다 돌아올 때면 정신이 맑아지고 마음이 흐뭇하여 갈등도 후회도 없이 힐링에 잠긴다. 「산울림」은 내가 나쁜 언사를 쓰거나 좋은 언사를 쓸 때 그 말 그대로 되돌려 준다. 「산울림」은 가는 말이 고와야 오는 말이 곱다는 잠언을 깨닫게 해주는 도덕 교과서이다.

1942년 울산 출생, 1980년 《세계의 문학》으로 등단. 시집 『이 강산 녹음방초(민음사)』 외 13권, 일어영어번역시집, 시선집, 시와 산문선집 출간. 대구시협상, 이상화시인상, 성호문학대상, 예총예술대상 등 수상.

오빠라는 말

오! 동그랗게 모이고
빠! 뱉으면
공기는 민들레 씨앗처럼 흩어진다

그 미묘한 울림을 가진
미꾸라지가 손아귀를 빠져나가듯
간질거리고 미끈거리는

분하고 서러울 때
동그랗게 공기를 모아 뱉는다

오빠!
동굴에서 새가 날아간다

| 박 금 선 | 10월 첫째 주 |

시작 노트

오빠가 없는 나, 평생 이 말이 맴돌았다. 늘그막이 되어서도 그늘이 지는 이유, 아마 오빠가 없는 내 정서 탓이리라. 오빠를 생각하면 나의 짐이 가벼워지고 나 대신 내 편이 되어줄 것 같은 어리석은 마음. 세상에 널려있는 오빠라는 말.

1959년 경북 영일 출생. 2004년《문학세계》로 등단. 시집 『숲으로 오라』 출간.

물집 개화·1

뜨겁게 달아올랐던
발바닥의 열기를 내리려
침낭 밖으로 발을 내놓고 잔다

다들 발바닥에다
하루 동안 몰려왔던 생각들을
조금씩 조금씩
가라앉혀 기억의 지문으로
새기고 있는 중이라 끙끙 앓고 있다

성당에서도 열심히
종을 울려
무명無明 그늘 벗어나
무명無名 중생, 평온한 꿈도
함께 무늬로 새겨넣고 있다

| 방 종 헌 | 10월 둘째 주 |

시작 노트

산티아고 순례길(프랑스길 800km)에서 발은 늘 책임지는 존재다. 딱딱한 돌이나 흙바닥을 견디고, 배낭과 몸의 하중을 이겨야 하는 힘든 노동의 첨단이다. 그러니 밤이 되면 발바닥은 신열을 앓는다. 더는 견딜 수 없어 쏟아내는 눈물로 물집이 부풀고 가라앉고 그러다 터진다. 껍질을 트면서 꽃이 피듯, 물집이 핀다. 삶이 그렇다. 이때, 가장 큰 소원이 뭐냐고 묻는다면 '무사無事함'이라 말하고 싶다. 고통을 견디며 무사에 이르고 싶은 것이다. 순례길에서 만나는 평온한 꿈, 아니 순례길만이 아니라 어디서든 다들 무사한 꿈, 그런 세상을 바라고 산다. 걷다가 벤치에 앉아 잠깐 쉬며 바라보는 초록 같은 희망을 꿈꾼다. 그 꿈에서 고통을 견디는 힘을 얻는 것이다.

1957년 경북 영덕 출생. 2018년 《대구문학》으로 등단. 시집 『석류가 있는 골목』, 『동해 푸너리』, 『초록 묵상길』 출간.

고고考古
—시 이전의 시

쳐다보는 기척에 뒤를 돌아보았다
오래된 눈 없는 눈빛 허공으로 지나갔다

빛은 아직 사고 되지 않았고
미리 울리다 미리 꺾였다

생각도 도착하지 않은 어딘가에서 손잡이 없는 문을 연다
없음은 없음으로 열리고 열린다

열리나?
그때 고고가 돌아본다 아무것도 없는 눈으로
(정확히 아무것도 보지 않는 눈으로)

고—고— 입술에 닿기도 전에 터지는 소리
어떤 언어도 못 끌어내린 자리
그는 사라지지 않았어 단지 발명되지 않았을 뿐

고고를 쓴다
글자는 빠르게 기울고 먹은 잉크를 삼키지 않는다

'고'하나 적고 '고'를 또 적으려다 멈춘다
반복은 도착이 아니라 실패의 기념

| 주 혜 린 | 10월 셋째 주 |

고고는 어쩌면 잃어버린 말의 과거진행형
끝은 없음 이것은 파편이다
(시는 본래 하나였으나, 본래는 없었고, 그래서 지금은 고고하다)

시작 노트

    언어 이전의 시, 시는 발명되기 전에도 있었다. 시는 완성된 것이 아니라 항상 도달 중인 상태, 실패를 거듭하는 시도, 기록되지 못한 파편들로 존재한다. 언어의 불가능성, 아직 완전히 존재한 적 없어서 그래서 더욱 시답다.

1964년 경북 경주 출생. 2020년 《대구문학》으로 등단.

해바라기

 물이 부족하면 해바라기는 상상해요. 내 몸 안에 우물 하나와 녹슨 수도꼭지가 있거든요. 발밑에서 졸졸 새는 물줄기를 머리끝까지 끌어 올립니다. 건기가 언제 시작될지 모르니까요. 마실 물이 없으면, 예전에 살았던 바닷가를 떠올려요. 당신이 오기를 기다리며 오른쪽 어깨에 얹은 빽빽한 해송. 눈앞의 바다는 눈으로만 마셔야 해요. 뿌리는 짠물을 견디지 못하거든요. 오랫동안 수평선을 바라보는 법을 익혔어요. 멀미를 참기 위해서였지만, 엄마의 튼 배를 떠올리면 파도가 제 배 속에서 울렁여요. 해바라기 뒤로 몸을 숨깁니다. '만약'이라는 말은 가정이지만, 언젠가 현실이 될지도 몰라요. 머리 위에 떠 있는 해가 어지럽게 돌아가요.

| 김 도 영 | 10월 넷째 주 |

시작 노트

가끔은 마음이 건기처럼 갈라질 때가 있었습니다. 외부의 사랑이 스며들지 않을 땐 내부의 힘으로 버텨내야 했습니다. 그럴 때마다 우물에 박힌 녹슨 수도 꼭지를 떠올렸습니다. 낡았지만, 다시 물이 흘러나올 것이라는 믿음이 있었습니다. 사랑은 종종 한낱 기우에 지나지 않다고 생각했으면서도 그 흐름이 막혔을 때에는 기다리기보다 먼저 지쳐버렸습니다. 홀로 물을 퍼 올려 꽃을 키우는 해바라기처럼 뿌리의 힘에 마음의 방향성을 보태보려 합니다. 물기가 촉촉이 베어오는 날엔 햇살 쪽으로 고개를 돌리려 합니다. 그곳에는 마치 기다렸다는 듯이 미소 띤 당신이 우두커니 서서, 지친 나에게 어깨를 내줄 것만 같습니다. 저는 희망일지를 쓰고 있는 중일 지도 모르겠습니다.

1989년 대구 출생. 2021년 《천년의 시작》으로 등단.

시월

겁 없이 봄 화들짝 열던
벚꽃도

바람이 무심코 지나친다고 서운하다며
가시 돋쳐 있던
장미도

떫다고 원망만 하던
망개도
시월엔 모두 고개 숙인다

| 정 경 자 | 11월 첫째 주 |

시작 노트

 언젠가부터 나는 잡아도 뿌리치고 달아나는 세월이 무심타 원망했다. 이젠 자랑스럽다. 팔십 년 세월 비바람이 후려치고 꺾여도 참고 견뎌준 내가 고맙고 가슴 찡하다. 아들 딸 손자에게 비록 좁지만 내 자리 내줄 수 있어 떳떳하다. 팔순이여! 대견하고 참 장하다.

2002년 《문예비전》으로 등단. 시집 『수수껍질』, 『상처를 꿰매다』 출간.

바람의 노래

나를 비웠다
나를 버렸다

소나무에게 가면 솔바람이 되고
대나무를 스치면 대바람이 되었다
꽃을 스치면 꽃향기로 흐른다
간혹
폭풍으로 너를 무너뜨리고
너의 뿌리를 흔들지만
그 자리에 새
세상의 싹을 숨기는 것을 잊지 않는다

완벽하게
나를 버리는 순간,
너 앞에서 사라져
오히려 너를 안고 흔들 수 있다

박 언 휘   11월 둘째 주

시작 노트

울릉도 파도에 힘없이 떠내려가는 죽음을 보았습니다.
삶을 놓치지 않으려고 허우적거리던 생명의 부활을 위한
의사가 되고 싶었습니다.

경북 울릉도 출생. 2010년 《국보문학》 신춘문예, 2019년 《문학청춘》으로 등단. 시집 『울릉도』, 저서 『박언휘 원장의 건강이야기』 외 다수 출간. 한국의사수필가협회 고문, 대구여성문인협회 회장, 이상화기념사업회 이사장 역임, 계간지 《시인시대》 발행인. 박언휘종합내과 원장.

백두옹白頭翁 사랑

깊고 깊은 침묵
뿌리 깊은

겨울의 고요
뚫고 피워올린

보랏빛 할미꽃

허리 숙이고
숨죽이며 산 세월

지는 순간
머리에 피는 하얀 꽃

지난 시간 말하지 않아도
흰 머리카락의 흩날림만으로

할미꽃을 그리는
백두옹 사랑

| 문 성 희 | 11월 셋째 주 |

시작 노트

  흰 깃털로 덮인 열매의 모양이 할머니의 하얗게 센 머리를 닮았다 하여 할미꽃을 한자어로 백두옹이라 한다. 이 시에서는 할머니를 사랑한 흰머리를 가진 할아버지로 표현하였다. 요양원을 운영하며 모시고 있는 많은 어르신들을 본다. 지나온 인생 여정에 수많은 사연을 담고 있다. 지금은 허리가 굽고 머리는 백발이지만 한때는 서로가 서로에게 튼튼한 뿌리를 내렸을 것이다. 하지만 세월 지난 지금은 열매에 달린 깃털처럼 가벼운 백발만이 자신의 경험과 추억들을 말 없는 언어의 품을 빌려 말하고 있다. 말 없는 말을 통해 자신의 소중했던 시간들을 말한다. 이 시는 어르신들의 이야기이자 곧 다가올 우리들의 이야기가 되기도 할 것이다.

경북 고령 출생. 《문장》, 《한국시학》 등단. 시집 『가슴에 묻어둔 침묵』, 『가슴에 묻어둔 외침』 외 출간. 죽순문학회장.

소리의 폭군

한여름이 난사한 저 독주도
한바탕 휘젓고 가는 바람일 뿐

어느 어두운 우주를 비행하다
어떤 명랑한 무위를 그리느라
밤과 아침의 경계를 무너뜨리는지
소리와 소리를 돌돌 뭉쳐
여름의 정점을 들었다 놓았다 하는지

후줄근한 등줄기가 휘도록
꽁지에 힘을 줘야 하는 저 노동을
우리는 노래라 할 것인가
울음이라 할 것인가

| 기 해 온 | 11월 넷째 주 |

시작 노트

  한때는 모든 걸 걸고 꿈꾸었던 방이 한 벌의 허물로 남아 쨍한 거리에 고뇌처럼 굴러다니다 발길에 밟히는 그 허무 위로 내 허물을 포개 본다. 끊임없는 담금질로 탈피와 우화를 꿈꾸며 오래된 느티나무 그늘이 내주는 한 줌 바람에 다만 고개를 숙일 뿐이다.

경북 고령 출생. 2022년 《사람의문학》으로 등단.

육화산

날이 새거나 어둡거나 상관도 없이
고향집 대청마루에서 날마다
고개 들고 바라보던 육화산六花山
불혹도 한참 지나서야 처음 올랐네

산굽이 돌아서고 올라설 때마다
저 멀리 발아래 내려다뵈는
동창천 강줄기는 푸르게 웃으며
내게로 달려오고
강 가까이 옹기종기 사람들 모여 사는
용전 길명 명대 북지 삿갈 호방
마을들 여기저기 꽃처럼 피어나네

산봉우리 여섯 꽃잎처럼 둘러싸여
얻은 이름 육화산인가?
산에 함께 올라간 어릴 적 친구들
종의 영자 용식 전열 명자 태봉이
동무들은 모두가 오래 정든 산 같고
꽃잎, 꽃잎, 꽃잎들만 같은데

확확대던 숨결 유야무야 싱거워지면
우리도 저 육화산 속으로 들어가서, 끝내

| 이 종 암 | 12월 첫째 주 |

산의 부분으로 육화되는 것 아니겠는가
그 내통 위에 꽃은 또 피고 지고

시작 노트

  내가 태어나고 자란 고향 마을은 경북 청도군 매전면 장연동. 청도군에서 제일 먼저 3.1만세 운동이 일어났던 동창천 건너편 마을 길명이다. 어린 시절 멱 감고 다슬기와 물고기를 잡던 동창천과 여름에는 소먹이고 겨울에는 땔나무를 하던 마을 뒷산 마등방우는 어린 시절 내 일상적 삶의 무대였다. 그런데 대청마루에 앉아서 날마다 쳐다보던 높다란 육화산六花山은 마흔을 넘겨서 처음 등산을 하였다. 육화산을 처음 올라갈 때 맞닥뜨린 풍광도 아름다웠고 그 기분도 참 좋았다. 그래서 그 후 여러 번 등산을 하였다. 시「육화산」은 마을 소꿉친구들과 함께 육화산을 올랐을 때 마음속에서 일어나던 무늬들을 언어로 펼쳐본 것이다. 산 정상에서 내려다본 동창천 주변 여기저기 자리 잡은 작은 마을들도 꽃처럼 예뻐 보였고, 함께 올라간 동무들도 다 꽃처럼 보였다. 지난 봄날 대구 동촌유원지에서 고향 친구들 환갑이라고 모여서 잔치를 벌이기도 했는데, 우리 친구들 모두 오래오래 건강하였으면 하는 바람뿐이다.

1965년 경북 청도 매전 출생. 2000년 시집『물이 살다 간 자리』로 등단. 시집『저, 쉼표들』,『몸꽃』,『꽃과 별과 총』출간. 계간 문예지《불교와문학》편집위원.

쿠폰 오후

다른 공간 같은 맛을 따라가니 떨어진 거리만큼
손안에 든 서울,

딸이 보낸 쿠폰 한 장 이곳 카페 오후를 데리고 앉았다
멀리서도 함께하면 힘을 내는
목소리가 들리는

마치 약속처럼 네가 고른 메뉴 그대로 시켰어
싱그러운 과일 한 접시 따뜻한 커피 샌드위치 하나
마음이 가까워지는

두 시로 흐르자 물결처럼 차오르는 사람들
책 한 권쯤 쏟아낸 낱낱 이야기가 귓가는
야릇한 주파수로 수런거렸지

때로는 광화문 문고리 소리로
때로는 알아듣지 못하는 외국어로
끝내 말은 사라지고 소리만 남는

창문은 단단히 닫혀 있는데
그 많은 말은 다 어디로 간 걸까

| 숲 하 루 | 12월 둘째 주 |

시끄러움 속 홀로 앉아 네가 보낸 쿠폰처럼
따뜻한 사랑 하나, 오래 담는다

시작 노트

   너무 애쓴 네 상처였어. 마음의 엇각이 탈진한 수모였지. 세계는 얼마나 부조리한지! 피부 같은 언어의 표면과 이면, 웅크려 우는 웃음을 찾아 주고 싶었어. 곁에 있는 것처럼, 거울로 보는 것처럼, 넘어진 네 그림자를 일으켜 세우고 싶었어. 쌍둥이처럼 다른 공간 같은 것이었어. 우울을 열고 들어온 문으로 밀어내 너를 단단하게 한 그날, 애썼어.

2021년 《문장 21》로 등단. 시집 『꽃의 실험』, 자연에세이집 『풀꽃나무하고 놀던 나날』 출간. 아르코 문학창작 발간 기금 수혜, 아르코 문학나눔 선정.

흉터

벌떡 일어난 길이 발목을 걸었다

넘어지며 잡은 건 줄장미의 허공
오래 골몰했던 생각들이 모두 허사였음을
작은 돌멩이가 무릎에 파고들면서
손바닥이 고슴도치가 되고서야 알게 되었다

빨간 꽃물 주르르 흐른 자리
딱지 뜯어내고 벗어나려 해도
오래도록 남아있는 모래의 자국
가시의 자국

겉은 멀쩡해도 속은 멀쩡하지 않아
찌릿찌릿 깊어진 흉터에는
천 년을 견딘 돌의 우주가
가끔 비를 몰고 오기도 하지

새로운 몸짓에 취할 때마다
점치듯 손톱으로 톡톡 두드려보는
안 가본 그 길의 돌다리들

| 김 정 아 | 12월 셋째 주 |

시작 노트

가끔 넘어진다. 아프다. 아찔하게 아프다. 상처를 며칠 동안 들여다보았다. 흉터는 흔적이기도 하지만, 지난한 시간을 관통한 내 가슴 속의 구조물이다. 상처가 남긴 진동과 그것을 견뎌낸 존재의 비밀을 기록하고 싶었다. 내가 걸어가는 길 위에서, 흔들리며 반기는 모든 사물들에게 오늘도 고요히 말을 건다.

경북 상주 출생. 계간 《문장》 신인상으로 등단. 시집 『채널의 입술이 있음』 출간. 형상시학, 문장작가회 회원.

법 앞에서

내가 카프카이다.
내 언어는
아주 옛날, 그러니까
우주가 온통 어둠과 혼돈만 있을 때
가장 먼 곳에서 발을 헛디딘
낯설고 서툰 별 하나
한 시골 사람 발등에 떨어져
발목이 삐었다는 설화로 시작된다
절름발이는
〈법안으로〉 들어가지 못한다.
문지기에게 일러두었기 때문이다.

| 윤 성 도 | 12월 넷째 주 |

시작 노트

  시를 안 쓰고 견디어 온 지 좀 되었다. 20대의 패기 넘치던 시절 일상의 모든 것이 시작과 연결되어 시와 같이 뒹굴던 그때가 생각난다. 시인의 창작 피크는 일생 두 번 온다는데, 20대 한 번, 노년 어느 시기에 또 한 번이라고 한다. 카프카는 늘상 놀람의 존재이다. 문학을 하는 이들은 카프카를 건너뛰고, 카프카를 모른다고 말할 수 없다. 오래전 체코 여행 중 프라하 시내 관광 명소인 황금 소롯길 가운데 있는 카프카의 집에서 그의 젊은 시절 흑백 사진 한 장을 기념으로 산 일이 있다. 「법 앞에서」는 카프카의 대표작 가운데 하나인데 난해함을 통해 작가들이 갖고 있는 창작의 고뇌를 에둘러 설명하고 있는 듯하다. 이 작품의 모티브가 되기도 하였다.

1946년 대구 출생. 1987년 《시문학》으로 등단. 시집 『시인은 나귀를 타고』 외 3권, 에세이집 『페데리코의 』 외 2권 출간. 〈에스프리〉 동인.

유언遺言

단골로부터 사 놓은 육쪽마늘 묶음을
몇 달째 베란다에 걸어두신 노모

올해 김장도 당신 손으로 직접 해줘야 한다며
그 마늘, 혹시 상하지나 않았을까
굽은 허리로 틈날 때마다 살피신다

무좀으로 두꺼워진 발톱이 살을 파고들어
발톱깎기에 집중하고 있는 아들에게

느닷없이
"올여름, 내 죽거들랑
저 마늘 가져가 김장할 때 쓰라"하신다

빛과 어둠이 겹겹이 다녀간
백 년 세월의 무게가 얼마나 무거우면
등은 저토록 굽어야 하고
마음은 또 어린애처럼 약해졌을까

껍질 속 마늘처럼 알싸해진 나는
매운 눈물로 울어야 하는
대책 없는 아이가 되어 엄마 집을 나선다

김 종 태　　12월 다섯째 주

시작 노트

　칠성시장 단골로 다니시던 어머니의 발길은 아직도 선명한데 요즘은 북두칠성 어디쯤에서 장을 보고 계시겠지요? 달빛 좋은 어느 날 밤, 제게도 꼭 한 번 다녀가시기를 기다리겠습니다.

경북 월성 출생, 2013년 《문장》으로 등단. 시집 『하나님의 딸꾹질』 출간. 문장인 문학상(2024년), 매일신문 시니어문학상 특선(2017). 〈詩공간〉 동인.

2026
함께 꿈꾸는 시

| 1월_ | 김학조 | 김연화 | 김태겸 | 김선숙 |
| 2월_ | 김자향 | 김인강 | 이난희 | 장하빈 |

틈을 빌릴 수 있다면

벤치에 앉아 햇살 샤워를 즐기고 있었다
똘망한 아이 하나가 토닥토닥 걸어오더니
내 옆자리에 손을 얹는다
엉덩이를 비켜 아이가 앉을 틈을 마련하려는데
아이의 손을 낚아챈 엄마가 나무라는 소리를 한다
'아무 데나 앉으면 안 돼.'
내가 앉은 자리가 아무 데나가 되었다
아무 데나에 앉아 있던 나도 결 거친 아무나가 되는 순간이다

화끈거리는 늙은이의 눈에
보도블록의 틈새에서 자란 민들레 홀씨가 날린다
사방으로 흩어져 내년 봄의 기약이 될,

문틈을 비집고 들어온 햇살 한 줌에서
강렬한 아침을 읽고
책장을 늘 설렘으로 가득 채웠던,
책갈피 틈에 끼워둔
들국화 한 송이도 떠올린다

아이 엄마의 마음속에서 작은 틈을 빌릴 수 있다면
얇고 보드라운 여유를 심고 싶다
어쩌면 그곳에서 구름이 빚어낸 고래가 춤을 출 수도 있고

김 학 조　　1월 첫째 주

반짝이는 바람의 비늘 하나를 낚을 수도 있을 것이다
또 아이가 환하게 웃으며 내 옆에 앉을 수 있지 않을까?

시작 노트

　필자는 대구의 신천과 아주 가까운 곳에 살고 있다. 신천은 물과 풀과 꽃과 나무와 햇살과 바람을 찾아 자주 찾는 곳이다. 멍청히 앉아 있기도 좋고 다른 사람들의 발걸음에서 힘을 얻기도 하는 곳이다. 햇살 좋은 어느 봄날, 벤치에 앉은 내게로 다가온 어린아이와 아이의 손을 낚아채 아이를 데려가는 엄마 사이에서 생각은 같으나 표현의 차가 크게 벌어졌다. 내가 배려의 몸짓으로 아이에게 자리를 내어주는 것과 아이 엄마가 나를 경계하듯 바라보는 눈의 차이는 분명 엄청난 괴리가 있다. 하지만 궁극적으로 아이를 사랑하는 마음은 하나이다. 서운해하지 말고 그럴 수 있다고 이해하면 내 마음도 편해지는 것과 같다. 잘잘못을 따지다 보면 너도 옳고 나도 옳을 수는 없다. 따지기 이전에 그럴 수 있다고 한 번쯤 너그러워지는 여유가 필요하리라. '틈'이라는 말은 '벌어진 사이'이다. 사람과 사람의 관계에서, 유기물과 유기물의 간극에서 통용된다. 생각 사이의 틈은 불신을 낳을 수 있고 유기물의 틈은 벌어질수록 합하기가 어려워진다. 그래서 우리는 부단히 그 틈을 메우기 위해 애쓰며 살아가고 있다. 하지만 그 '벌어진 틈새를 한발 물러서서 바라본다면 어떨까?' 하는 생각을 했다. 틈을 여유롭게 바라보는 마음의 눈이 영글지 않을까? 그 여유는 세상을 다르게 바라볼 수 있는 힘이 되리라 여긴다.

2016년 《애지》로 등단. 공저 『팔월의 밤같이 짧았다』 외 출간. 대구문인협회 사무국장. 《시인시대》 편집장 역임.

압화

여수 동백숲 흰 길을 지나온 늑골 안에는
파도치는 바다가 살고 있었다
동백꽃 송이째 따서 꽃잎에 이른 이랑을
헤다가 길을 잃어버렸다
한 잎 두 잎 되살아나는 책갈피 속
소금기 밴 기억의 무게에 짓눌린 나날들
물기 증발한 그리움으로 설레다가
속절없고 그립다가 덧없는
동백의 빛깔을 바다는 헤고 있을까
오랜 세월 짓눌려야만
아름다운 무늬로 되살아 남은
책갈피 넘기는 흰 손은 알고 있을까
하늘과 땅의 경계를 지우며
폭설이 퍼부어 대는 지금
동백 숲 건너온 바람을 저며 차린
저녁 밥상 앞에 그대 목소리 지운다
이제 야위어진 가슴에 일렁이는
홍잣빛 동백 꽃잎 아닌 나는,

| 김 연 화 | 1월 둘째 주 |

시작 노트

눈 내리는 날 야생 동백꽃 우거진 숲길 걸으며 눈 속에서 들리는 빗소리를 듣습니다. 천지간 안개 자욱한 원시의 나라에서 야생으로 돌아가고 싶습니다.

1963년 봉화 출생. 2000년《동서문학상 시부문》수상, 2013년《시와사람》으로 등단. 시집『초록나비』출간.

이름으로 부르려니까요

____, 비워 뒀어요
낮이 가기 전엔 사랑도 하지 말고 그림도 그리지 말래서요
흘겨 쓴 글씨는 개미가 주워 먹게 하고요
____는 눈을 감아요
사탕 하나 까 넣어 주죠.
그사이 하품도 잃어버리고,
커튼 아래도 잃어버리고, 흥진 데 바를 연고도 잃어버리고 흉도 잃어
버리고,
오래된 수첩과 땡볕과 ____에게 줄 선물도 잃어버리고
잃어버림도 잃어버리고 나면
달콤한 태양만이 떠있지 않나요
아직 가라앉기엔
부푼 바람이 아랫입술을 간지럽히는데

밤은 오래 굴려서 먹어요
눈 뜨면 빛 벌건 도시일 테니까요

아무리 눈을 감아 봐도
눈을 감겨 봐도
이름으로 부르려니까요
입속에 들러붙는 것들이 너무 많지만

| 김 태 겸 | 1월 셋째 주 |

이제 그대 사랑하는 이름으로
채워 넣어요, ____

시작 노트

　호명은 많은 것을 담는 동시에 결정합니다. 김소월이 누이를 부르고, 파스가 멜루시나를 부르면 그들의 무궁한 이야기가 터져 나오지만 그것은 내 것이 아닙니다. 호명하지 않으면서 호명하는 시가 있다면 좋겠다고 생각했습니다. 누구라도 이 시를 선물하며 애틋할 수 있도록, 각자의 사랑을 생각하면서, 비워 두었습니다.

2003 대구 출생. 2023 대구시인협회 젊은 시인상 수상.

여름 한낮

빽빽한 햇살이 광장을 가로질러 걷는다
위태롭지도, 번거롭지도 않다

수백 번, 수천 번
뜨겁게 용해되는 햇살의 문장들
광장 가득 퍼져 나간다

빛이 숨을 쉬며 침묵 사이로 일렁인다
나뭇가지 그림자가 꽉 찬 고요를 이끌고
한낮이 길게 포효하는 울음 사이
텅 빈 쓸쓸함

거품처럼 부풀어 오르는 먹구름
한줄기 소낙비가 간절한
칸나의 붉은 입술

| 김선숙 | 1월 넷째 주 |

시작 노트

　대학 4학년 여름 방학. 혼자 완행열차를 타고 여행을 떠난 적 있었다. 시골 간이역에 내렸는데 작은 광장과 조용하고 깨끗한 시골 정취, 광장 주변에 가득한 여름꽃들과 소나기구름, 광장을 가득 채웠던 햇살, 앞날에 대한 불안과 미래에 대한 두려움과 또 다른 설렘. 단지 뜨겁기만 했던 것은 아니었을 그 여름. 이 모든 게 여름이면 꿈처럼 생각이 나서 시로 옮겨 보았다. 서툴고 여리기만 했던 그 시절을 떠올리며…….

경북 달성 출생. 2013년 《시와 소금》으로 등단. 〈시가마〉, 〈서설시〉, 〈ON 시〉 동인.

김칫국 마시기

이마트 정문 입구
유한킴벌리 띠를 두른 판매원이
신상품이라며 슬쩍 카트에 담아주면서
눈을 찡긋거린다

으쓱, 어깨에 뽕이 들어간다
딱따구리가 나무를 쪼듯이 두드린 얼굴에는
복사꽃 피우듯, 피멍이 올라와도 참고 참았는데
역시,
진열장에 비치는 내 모습이 조금은 엘레강스해 보인다

아, 이럴 수가, 이럴 수가!

그런데,
생리대인 줄 알았던 신상 사은품이
요실금 팬티.

킥킥,
헛웃음만 한가득 담은 카트는 슬로우 슬로우,

반찬 코너에서 김칫국을 찾았다

| 김 자 향 | 2월 첫째 주 |

시작 노트

아무리 꾸미고 멋을 내어도 나이는 속일 수가 없는 모양이다. 지금 생각해도 우습고 찔끔, 눈물이 난다.

경북 의성 출생. 2023《애지》로 등단. 〈다락헌〉 동인.

파 대궁*

고요한 직선 속에
비바람의 언어와
시간의 무게가 새겨져 있다

땅속 어둠을 찢고
칼끝처럼 하늘 향해 솟는
단 하나의 선율

푸르고 곧게 가야 할
그 하나의 길은
똑바로 서는 것

숨 참는 시간을 버티며
하늘 닮은 꽃 피울 준비를 하는
저 대궁의 심오한 철학

*'대'의 방언

| 김인강 | 2월 둘째 주 |

시작 노트

  대파가 따뜻한 봄의 공기를 타고 딱딱한 대를 내밀었다. 겨울 동안 품고 있던 속을 티 나지 않게 하늘 향해 밀어올리지만 그 속엔 꼿꼿하고 단단한 직선의 곧음이 있다. 비운다는 것은 '수용, 유연함, 단단함' 등의 철학이다. 속을 비워야 벙그는 꽃을 피울 수 있는 파 대를 보며 생명이 있는 모든 것은 사람의 삶과 다르지 않음을 본다.

경북 상주 출생. 2006년 《사람의 문학》으로 등단. 시집 『멸치를 따다』, 『꽃이 되는 길』 외 출간. 〈서설〉 동인.

늙은 배우

그를 죽여 나를 없애야 하는,

그래서 나는 그가 아니어야 하는,

나인 것은 아무것도 가져서는 아니 되는,

그러나 그때부터 그는 진짜 내가 되어야 하는,

삶의 들판을 지나면서 놓쳐버렸던 그의

그 표정 그 눈빛 하나를 찾아내는,

그때 그 감정을 기필코 토해내는,

그 얕거나 깊은 들숨날숨을 다시 쉬는,

먼 미래의 나를 소환해 그 앞에 앉혀야 하는,

연기演技하다가 연기煙氣처럼 가뭇없이 사라지는,

그리하여

파과破果처럼 시들다 죽어가는.

이 난 희　　2월 셋째 주

시작 노트

　연극배우는 관객의 입장에서는 매력적으로 보이지만 참 고된 직업이다. 맡은 캐릭터를 실감 나게 표현하기 위해 먼저 '나'를 지워 없애고 새로운 인물이 되어야 한다. 새로 온 그가 젊은이든 늙은이든, 반듯하든 기우뚱하든, 그 삶의 희로애락을 내가 아닌 그로서 호흡하고, 걷고 말하고, 그의 눈빛과 표정을 살려내야 한다. 그가 살아온 뒤안길이나 그림자마저 읽을 수 있어야 가능하다. 그러다 보면 아프지 않은 삶이 없다는 걸 알게 된다. 그 휘어진 굴곡에서 아름다움이 무엇인지 느끼고 받아들이게 된다. 이런 것들은 시 쓰기와 잘 통한다. 부디 생생하게 표현하는 배우이고 시인이기를, 시처럼 살기를 소망한다.

1967년 경북 성주 출생. 2022년 《사람의 문학》으로 등단.

숲속의 맨발학교

여기 숲속에 맨발이 다 모였다
우리들의 신들은 도처에 숨어 있다

신의 발자국 따라 맨발로 걸으면
숲이 한껏 부푼다 몸에 피가 돈다

너에게로 나에게로 가는 맨발
잃어버린 신을 찾아 숲속을 거닌다

| 장 하 빈 | 2월 넷째 주 |

시작 노트

　누가 내게 '시는 어떻게 쓰는가?' 하고 묻는다면, "숲속을 맨발로 걸어 보라"고 서슴지 않고 말하겠다. 숲길을 맨발로 걸어갈 때 새소리, 바람 소리, 솔방울 떨어지는 소리, 나뭇가지 몸 비비는 소리 등에 귀가 열리고, 이러한 자연의 숨소리를 받아쓴 것이 곧 시일 테니까. 땅 밑에서 울려 나오는 대지의 음성이 발바닥을 통해 온몸으로 전해질 테니까.
　몇 해 전, 내가 사는 집 〈다락헌〉 근처 뒷산 구릉지에 '숲속의 맨발학교'를 열었다. 오솔길을 비로 쓸고, 비탈길엔 흙계단을 만들어 숲속의 맨발길을 조붓이 조성했다. 초입에 비스듬히 누워있는 너럭바위엔 '숲속의 맨발학교' 시 현수막을 걸쳐 입히고, 그 곁에 '동편잿길' '서편잿길' 안내판도 세웠다.
　첫 방문객으로 대구문예창작영재교육원생들이 다녀갔다. 숲속의 맨발 걷기 및 한 줄 시 쓰기 체험을 하고 간 것이다. 앞으로 〈다락헌〉을 찾아오는 지음지우知音知友들과도 숲속의 맨발 걷기를 틈틈이 챙길 작정이다. 우리들의 잃어버린 신을 찾아서……

본명 장지현, 1957년 경북 김천 출생. 1997년 《시와 시학》 신인상으로 등단. 시집 『비, 혹은 얼룩말』, 『까치 낙관』, 『총총난필 복사꽃』, 『신의 잠꼬대』 출간. 시와시학상 동인상, 대구시인협회상 수상.

편집위원
신영조 김남이 채화련
안연화 김인강 전영숙

함께 꿈꾸는 시
대구의 시인들

2025년 11월 20일 인쇄
2025년 11월 25일 발행

발행인 / 김호진·장하빈
편집인 / 대구시인협회 편집국
　　　　　http//cafe.daum.net/dgpoety

만든 곳/ 만인사
주소 / (우)41960 대구광역시 중구 명륜로 116
전화 / (053)422-0550

ISBN 978-89-6349-201-8 03810
값 30,000원

* 이 책의 내용의 전부나 일부를 사용하려면 반드시 저작권자나 만인사 양측
　의 동의를 받아야 합니다.